MARIUS ANDRÉ

—

ENTRETIENS

avec

le Général Mangin

sur l'Amérique

LIBRAIRIE PIERRE ROGER

ENTRETIENS
AVEC LE GÉNÉRAL MANGIN

GÉNÉRAL MANGIN

MARIUS ANDRÉ

ENTRETIÈNS

AVEC

LE GÉNÉRAL MANGIN

SUR L'AMÉRIQUE

PARIS

LIBRAIRIE PIERRE ROGER

54, RUE JACOB, 54

Quelques semaines avant sa mort, le général
Mangin, qui avait déjà étudié, en puisant aux
sources les plus sûres, l'histoire des guerres
de l'Indépendance hispano-américaine, et
l'avait assez approfondie, avec ses méthodes
de grand technicien, pour porter un jugement
fortement motivé et d'une parfaite impartialité, disait que la plus grande partie de cette
histoire, celle dont l'honneur revient aux
peuples de la Grande Colombie, et particulièrement au Vénézuéla, pourrait faire l'objet
d'un Livre d'Or où tous les peuples de l'Ancien,
comme du Nouveau Monde, trouveraient de
merveilleux exemples d'héroïsme et de ténacité dans la lutte contre un ennemi redoutable
et contre les obstacles de la nature. Il ajoutait
que le nom seul de Bolivar, dont le génie
militaire avait conduit de victoire en victoire
des armées de héros, depuis les plaines brûlées de l'Orénoque jusqu'au sommet des Andes

du Pérou, suffirait à rendre le pays qui l'a vu naître glorieux entre tous les pays de l'Amérique.

Au commencement de ses études, il n'avait pourtant accordé au Libérateur que la seconde place dans le Panthéon des grands hommes de l'ancien empire espagnol. C'était déjà très beau, mais insuffisant; il ne restait qu'un échelon à franchir pour mettre Bolivar à sa vraie place, qui est la première. Le général Mangin le franchit lorsque, après la *Vie de San Martin*, par Mitre, le seul livre sur les guerres de l'Indépendance qu'il avait étudié avant d'écrire *Autour du Continent latin*, il eut pris connaissance de celle de Bolivar par Daniel F. O'Leary, de quelques autres ouvrages et d'un grand nombre de documents militaires de l'époque.

Il ne tarda pas, en pleine connaissance de cause, à vouer un véritable culte au Libérateur et, par conséquent, à s'intéresser d'une manière spéciale à sa patrie vénézuélienne; si bien que l'idée de consacrer tout un ouvrage au *Génie militaire de Bolivar* germa et grandit peu à peu dans son esprit, qu'il en fit part à votre ministre à Paris, M. Simón Barceló, et finit par me faire l'honneur de me demander ma collaboration.

Il s'était posé cette question : « Quel rôle ont joué les Français dans le pays de Bolivar ? » Question bien compréhensible chez ce grand patriote français qui, quelques années auparavant, parcourant plusieurs Républiques sud-américaines en qualité d'ambassadeur de la République française, avait trouvé dans leurs souvenirs historiques des traces honorables ou glorieuses de sa propre patrie. Il aurait été déçu si, par exception, la France avait été absente de l'histoire du Vénézuéla.

Cette curiosité fut satisfaite, car, au début de la guerre de l'Indépendance, apparaissent quatre officiers français : du Cayla, Schombourg, Raphaël Châtillon, instructeurs et organisateurs de la cavalerie vénézuélienne, qui firent ensuite partie de l'état-major de Miranda, où était déjà leur compatriote, le capitaine Emmanuel de Serviez, « l'officier le plus estimé du généralissime », dit l'historien Jules Mancini. Et quel lien entre la France et le Vénézuéla que Miranda lui-même qui, avant d'aller combattre et mourir pour sa patrie, avait été général dans les armées de la Révolution française et débarqua en Amérique revêtu de l'uniforme sous lequel il s'était illustré sur les champs de bataille de l'Europe !

Fils de Français, le général Soublette, qui ne dut peut-être qu'à cette qualité et à l'amitié de Miranda ses premiers grades, conquit vaillamment les autres, et fut l'un des prédécesseurs de Votre Excellence à la présidence de la République vénézuélienne.

Fils de Français, le noble colonel Girardot, mort jeune encore sur le champ de bataille après avoir gagné de mémorables victoires, Girardot, « idole de l'armée », dont le nom est resté comme un des plus purs symboles de la vaillance, de la droiture et de l'abnégation. Sa mort fut un deuil national et Bolivar, qui l'aimait et l'admirait par-dessus tous, concéda à ses dépouilles et à sa mémoire des honneurs aussi extraordinaires que mérités, et que justifiait un décret commençant par ces mots : « Le colonel Atanasio Girardot est mort aujourd'hui au champ d'honneur. Les Républiques de la Nouvelle-Grenade et du Vénézuéla lui doivent en grande partie la gloire qui couvre leurs armes et la liberté de notre peuple... »

Français, le général Bruix, commandant des grenadiers à cheval, qui eut un rôle de premier plan à la bataille si décisive de Junin ; il est, écrit Mangin, « un des héros de cette journée fatale pour la redoutable cavalerie espagnole qui, décimée, dissoute, est désormais dans l'impossibilité de poursuivre le cours de ses exploits ».

La victoire de Junin est la plus brillante des préfaces à celle d'Ayacucho, par laquelle le maréchal Antonio José de Sucre porta un coup mortel à la domination espagnole en Amérique et mit fin aux guerres de l'Indépendance. Or, n'a-t-il pas une page, et l'une des plus belles, dans le livre des amitiés et des alliances familiales franco-vénézuéliennes, ce grand maréchal d'Ayacucho dont l'arbre généalogique a, à sa base, au quatorzième siècle, Godefroy de Sucre, vicomte de Toulouse ?

On pourrait citer d'autres Français, qui offrirent leur épée à la jeune République vénézuélienne, ne fût-ce que Peru de Lacroix, dont le livre de souvenirs sur Bolivar est un document historique des plus précieux.

Il est une autre mémoire de Français, que

le général Mangin évoquait avec plaisir, bien qu'elle n'ait rien d'héroïque ni de militaire : celle de la famille Blandin qui, m'assure-t-on, compte encore des descendants, mais portant un autre nom, au Vénézuéla. Au milieu du dix-huitième siècle, Pierre Blandin fonda, à Caracas, la première pharmacie. Son fils Bartolomé s'adonne à l'agriculture et, en 1784, introduit dans la campagne de Caracas la culture du café. D'un voyage en Europe, il rapporta des partitions musicales, et c'est lui qui introduit au Vénézuéla la connaissance et le goût de la musique classique. Il attira chez lui les professionnels et les amateurs et, dit un spécialiste de l'histoire du Vénézuéla, M. Jules Humbert, « c'est autour de l'arbuste nouveau qu'eurent lieu les premières réunions des amateurs de la capitale. A ces *tertulias* assistaient les jeunes gens des deux sexes appartenant aux familles les plus distinguées de la ville, car Bartolomé Blandin avait deux sœurs qui, à leurs vertus domestiques, joignaient une éducation soignée et une connaissance parfaite de l'art musical ».

Ces bucoliques mondaines au son de musiques classiques importées à Caracas par un

Français en même temps que les plants de
caféier près desquels elles avaient lieu retenaient notre attention et charmaient notre
esprit. Le général Mangin en tirait un enseignement, car, par leur date et la société qui
y prenait part, elles donnaient un démenti à
l'histoire officielle de l'Amériqne du Sud telle
qu'on l'écrit en Europe. On était, en effet, aux
dernières années du dix-huitième siècle. Ces
adolescents, ces jeunes filles qui cultivaient
si aimablement et si noblement leur esprit
dans des soirées familiales et s'exaltaient au
son de la divine musique de Mozart, rêvent
déjà, plus ou moins vaguement, de l'émancipation de leur patrie. Encore quelques années
de bucoliques, et l'on passera du rêve au désir
ardent des réalisations. On deviendra des
conspirateurs et on fourbira des armes pour
les prochaines batailles.

Mais, pour se préparer à une lutte dont on
ne peut prévoir, vers 1809, combien elle sera
longue, âpre et sanglante, les conspirateurs
ne délaissent aucun des plaisirs délicats qui
font le charme d'une société raffinée, aucune
des joies intellectuelles sans quoi il n'est point
de civilisation. Ils se réunissent souvent chez

le jeune Bolivar qui vient de rentrer d'Europe pour tenir le serment qu'il a fait de délivrer sa patrie. Ils risquent la prison et la mort où d'autres patriotes les ont précédés. Mais ils ont la foi et le courage. Et ils chantent. La *Carmagnole*? Non. Du Mozart et du Gluck. Et ils écoutent des lectures. Le lecteur est Andrés Bello — autre gloire vénézuélienne — le plus grand humaniste de tout le continent américain, qui leur traduit Tacite à livre ouvert. Et l'on récite des scènes de tragédies de Corneille et de Voltaire. C'est leur manière d'invectiver contre la tyrannie et de célébrer la liberté et les vertus civiques.

Comme nous voilà loin de certains manuels mensongers d'histoire qui nous présentent les promoteurs de l'émancipation vénézuélienne comme des illettrés barbares et grotesques!

Votre Excellence qui, mieux que quiconque, connaît l'histoire de sa patrie, ne sera pas surprise que le général Mangin ait songé à faire précéder son ouvrage sur le *Génie militaire de Bolivar* d'un tableau de la société vénézuélienne à l'époque de la naissance du Libérateur et pendant les années de son adolescence, tableau dans lequel Bartolomé

Blandin et ses aimables sœurs, leurs partitions de musique et leurs *tertulias* au milieu des caféiers n'auraient pas été oubliés. Il ne peut être séparé de cette société dont faisait partie sa famille et au milieu de laquelle il fut élevé. Des hommes comme Simon Bolivar, Antonio José de Sucre et Andrés Bello ne peuvent surgir par miracle d'un peuple de barbares ; ils sont les fleurs suprêmes d'une race dont ils élèvent les plus belles qualités jusqu'à la perfection, jusqu'au génie.

Hélas ! ce livre n'a pas été écrit. J'avais réuni la plus grande partie de la documentation sur laquelle le général Mangin l'aurait édifié, et je me proposais d'aller la compléter dans les archives espagnoles, lorsque la mort cruelle, inattendue, vint ravir à la France un de ses plus grands serviteurs — mort d'autant plus inattendue et cruelle qu'il était encore dans la plénitude de ses forces intellectuelles et physiques.

Par cette fin prématurée, l'Amérique latine perdait l'un des meilleurs de ses amis européens, celui dont l'amitié n'aurait peut-être pas tardé à se manifester comme la plus agissante de toutes.

J'ai voulu que, du moins, un nouveau et dernier témoignage de cette amitié subsistât et j'ai écrit le présent ouvrage en utilisant les notes que je prenais à la suite de chacun de nos entretiens. Bolivar et le Vénézuéla ont fourni plus de la moitié de sa matière. Cette circonstance et le souvenir du général Mangin m'encouragent à l'offrir à Votre Excellence et à la nation vénézuélienne aux destinées de laquelle Elle préside depuis de nombreuses années déjà.

C'est sous votre présidence, mon général, et grâce à vous que le Vénézuéla, en pleine prospérité et assuré de la paix intérieure, et d'autres États de l'Amérique latine ont pu célébrer, en 1824, le centenaire de la victoire d'Ayacucho avec un éclat digne de Bolivar et de Sucre. S'il plaît à Dieu, ce sera également sous votre présidence que sera commémoré solennellement, en 1930, le centenaire de la journée de décembre où le Libérateur quitta ce monde terrestre pour entrer dans l'immortalité. Au milieu des fêtes civiques et militaires, populaires et officielles, au milieu des hymnes et des fleurs, des témoignages de vénération et de reconnaissance qui seront offerts à cette immortelle mémoire, l'Amérique latine devra, pour que ce centenaire soit fécond en résultats, procéder à un examen de conscience. Plus que jamais elle se rendra compte des catastrophes accumulées, du sang versé, des richesses perdues par les maux qui assaillirent Bolivar avant même que son épée victorieuse achevât la libération du territoire et qui lui faisaient dire qu'il redoutait la paix plus que la guerre : la démagogie effrénée qui conduit à l'anarchie, la haine contre l'autorité, les querelles de clans et de partis, les compétitions autour du pouvoir pour la satisfaction d'ambitions égoïstes et que rien ne justifie. Elle verra que toutes les prédictions que Bolivar a faites en 1815 se sont réalisées et que quelques-unes se réalisent encore aujourd'hui. Et si elle veut vivre dans la paix, le travail et le bonheur, elle cherchera des remèdes efficaces dans l'œuvre politique de son grand homme de guerre et principalement dans cette Constitution bolivarienne où sont mis en pratique les principes de la politique positive qui était celle du Libérateur et qu'Auguste Comte formulait en France vers la même époque.

Cette politique était nécessaire au salut de l'Ancien Monde comme du Nouveau. Elle l'est maintenant comme en 1825. Aussi, Votre Excellence voudra bien excuser les allusions que l'étranger que je suis vient de faire à la politique intérieure de quelques pays sud-américains. Le génie de Bolivar dépasse les frontières de sa patrie américaine, et l'étude des démocraties européennes nous ramène à lui. Notre civilisation commune est menacée par les hordes barbares ; nous pouvons, dans notre solidarité, nous proposer, les uns aux autres, les enseignements de nos grands civilisés.

Daignez agréer, monsieur le Président, l'hommage de mon profond respect.

MARIUS ANDRÉ.

I

Notre première rencontre. — La légende rhénane du général

J'ai eu l'honneur de rencontrer le général Mangin, pour la première fois, en janvier 1924, dans le
salon de Mme Alfred Droin (en littérature
Jean Dornis). Au moment où j'entrai, un cercle
d'hommes de lettres et de politiques, parmi lesquels plusieurs étrangers appartenant à des pays
alliés de la France, venait de se former autour de
lui. Mais ce n'est pas lui qu'on écoutait ; il était,
comme les autres, l'auditeur attentif et parfois très
amusé d'un jeune homme qui racontait ses
impressions d'un séjour assez long qu'il venait de
faire en Rhénanie ; il parlait surtout du prestige
dont le général y jouissait et qui était fait à la
fois de la crainte et de l'admiration qu'inspirait
l'ancien commandant en chef des armées d'occupation :

— On parle, et on parlera longtemps encore,
dit-il, de certaines mesures sévères, très dures
même, que vous avez prises dès votre arrivée en
Rhénanie.

Il explique quelles étaient ces mesures, et l'effet qu'elles produisirent dans tout le pays.

— C'est faux, absolument faux ! s'écrie le général. Je n'ai jamais rien fait de pareil... Oh ! si cela avait été nécessaire il est probable que je l'aurais fait, et d'autres choses encore.; mais je n'en ai pas eu besoin. Où donc avez-vous entendu ces racontars ? A Cologne ? A Mayence ?

— Dans de petites villes et des villages des environs.

— C'est la légende qui se forme, mon général, dit le poète et commandant Alfred Droin, la légende qui, à l'aide de faits dont quelques-uns sont inexacts ou exagérés et amplifiés, compose une synthèse qui, dans son ensemble, est l'expression même de la vérité ou des sentiments du peuple.

— Les Allemands, reprit le jeune voyageur, ont une manière bien à eux — et qui, d'ailleurs, ne manque pas de beauté — de manifester des sentiments dans lesquels la haine et la peur sont unies à l'admiration, et je ne sais pas si l'on ne pourrait ajouter qu'elles sont tempérées par elle : dans un certain nombre de maisons allemandes, à la ville comme au village, j'ai vu le portrait du général Mangin accroché au mur à côté de celui de Napoléon.

— Oh ! fait le général, ce n'est pas sérieux. Ce

coup d'encensoir que vous ne m'auriez certainement pas lancé vous-même est un de ces pavés qui
écrasent un homme. Un Français ne manquerait
pas de mesure à ce point : Napoléon !... Parlons
d'autres choses...

— En tout cas, dit l'un des auditeurs, c'est
digne d'un peuple guerrier, et c'est bien nietz-
schéen. N'est-ce pas Nietzsche, ce Slavo-Prussien
tout imprégné de civilisation méditerranéenne,
qui a écrit une belle page sur l'homme noble qui
désire des ennemis qu'il puisse admirer ?

— Il y a parfois quelque chose de semblable
dans le *fair play* des Anglais, fait un autre.

— Voyez leur culte pour Jeanne d'Arc ! dit un
troisième.

Et, comme on revient à la Rhénanie, à Napoléon et à Mangin, celui-ci détourne la conversation
sur un autre objet.

Un moment après, il s'approche de Mme Droin
près de qui j'étais et qui me présente à lui. Le
général, à qui rien de ce qui a été écrit récemment
sur l'Amérique latine n'est étranger, veut bien se
souvenir de quelques-unes de mes études et particulièrement d'une page où j'ai relevé quelques
erreurs qu'il a commises sur Bolivar. Nous en cau-
sons, mais le sujet est si vaste et l'intéresse tellement qu'il me manifeste le désir de le traiter avec
moi dans un autre entretien, chez lui.

Quelques jours après, il m'écrivait, à l'occasion de notre polémique, — si j'ose employer ce mot, — une lettre qu'on verra dans un chapitre ultérieur et qui fut le point de départ non d'un seul, mais de plusieurs entretiens sur Bolivar; elle est aussi l'origine d'un projet de collaboration que la plus brutale et la plus inattendue des morts a brisé; il en reste pourtant, dans mes notes et dans ma mémoire, des souvenirs que je me fais un devoir de réunir afin qu'ils ne soient pas perdus pour ses amis et admirateurs des deux Mondes.

II

**Dans la forêt des erreurs. — La légende américaine du
général. — La guerre de l'émancipation et ses conséquences**

En somme, Mangin m'a pris à part dans un
salon où cent personnes désiraient causer avec lui
ou l'écouter, m'a témoigné de la sympathie et a
désiré me revoir parce que j'avais écrit dans une
revue qu'il s'était trompé et que, au bout de quelques mois, mes objections sur un épisode de
l'histoire de l'Amérique retenaient encore son
attention. Quand on pense à la distance qu'il y a
entre l'humble écrivain que je suis et le grand
chef victorieux qu'il est, un tel détail n'est-il pas
à l'honneur de son magnifique caractère ?

Cela signifie, entre autres choses, qu'il ne considère pas sa mission en Amérique, si brillante et si
féconde, comme terminée ; elle ne l'est même pas
par la publication de son livre *Autour du Continent latin avec le « Jules Michelet »* qui devrait
être dans toutes les bibliothèques. Il la continue,
d'une manière officieuse, mais avec toute l'auto-

rité qu'il tient non seulement de sa qualité d'ambassadeur extraordinaire auprès des Républiques sud-américaines, mais aussi de la compétencé dont il a donné des preuves. Il continue de « découvrir l'Amérique ». C'est sans plaisanter que je viens d'écrire cette plaisante expression.

Quelques années avant la guerre, un journaliste illustre, Jules Huret, alla découvrir l'Amérique du Sud et en revint avec quelques volumes d'enquêtes. Dans l'un d'eux, il donne quelques renseignements qu'il tient, dit-il, d'un Argentin, sur le régime colonial espagnol. Ils sont erronés. La vérité est qu'avant de partir, Jules Huret s'était documenté dans un manuel de M. Charles Seignobos qui, au chapitre de l'Amérique, a réussi ce tour de force de commettre cinquante-cinq erreurs de faits et de dates en six pages.

Le général Mangin n'est pas tombé dans ce piège. Avant de partir pour son ambassade, il s'est documenté autre part que dans les manuels scolaires, où l'histoire de France et celle des pays étrangers — et spécialement celle de l'Amérique latine — sont outrageusement falsifiées ; ceux de M. Seignobos ne sont malheureusement pas les seuls. Il a même appris l'espagnol, comme on va le voir, afin de pouvoir remonter aux sources. Si bien qu'aujourd'hui, si ses fonctions au Conseil supérieur de la guerre lui laissaient assez de loisirs, il pourrait faire, en Sorbonne, un cours d'histoire de l'Amérique à nos professeurs de l'Université. D'ailleurs, ne vient-il pas de faire, en cette Sorbonne, devant un public composé en majeure partie d'instituteurs et d'élèves d'écoles normales de l'enseignement primaire, une conférence qui fut une véritable leçon d'histoire et de géographie ?

Comme il est parvenu, dans ses études américaines, à des vérités essentielles après avoir traversé la forêt des sombres erreurs, ce chercheur scrupuleux, passionné de clarté et de vérité, se méfie quand, dans une page d'histoire, il voit poindre le plaidoyer tendancieux sous l'exposé des faits. Il ne veut pas s'écarter de la *diritta via*; et c'est parfois difficile, tant les embûches sont nombreuses et disséminées un peu partout.

Dans nos deuxième et troisième entretiens, nous n'abordâmes qu'incidemment la question des erreurs. Ils prirent une autre tournure et les sujets qui se présentèrent, pour ainsi dire, au hasard prêtaient à d'assez longs développements.

Dès le début du deuxième, je rappelle au général ce que nous avons entendu raconter, chez Mme Droin, au sujet de sa légende.

— Eh ! lui dis-je, qui vous dit qu'une légende

d'un autre caractère n'est pas en train de se former dans quelque région de l'Amérique du Sud?
D'après des nouvelles que j'en ai reçues, cela ne
fait aucun doute.

— Ah! par exemple! J'ai été au Pérou pour
représenter le gouvernement français aux fêtes du
Centenaire de l'Indépendance de ce pays; j'ai pro-
fité de l'occasion pour visiter d'autres Républiques
du Nouveau Monde, et non toutes, à mon grand
regret. Je ne crois pas qu'il y ait là de quoi exciter
l'imagination populaire.

— Et croyez-vous, mon général, que les gens
du peuple, les campagnards illettrés, les Indiens
qui vous ont acclamé sur les plateaux des Andes,
sachent ce que c'est qu'un ambassadeur ou, s'ils
le savent, qu'ils soient impressionnés par ce titre?

— Mais alors?

— Tous ces braves gens ont appris qu'un des
généraux les plus illustres de la grande guerre a
traversé l'Océan pour aller les voir. Il a été reçu
solennellement par le président de leur État, et
tous leurs chefs civils et militaires ont multiplié
les témoignages d'admiration et de respect à son
égard. Ce général a passé leurs troupes nationales
en revue. Dans une des capitales américaines,
l'ordre du ministre de la Guerre motivait en ces
termes la prise de commandement : « Étant donné
que le général Mangin est le seul officier général

des Puissances amies qui soit en même temps
ambassadeur extraordinaire de son pays... » Eh
bien! nombreux sont les soldats, les Indiens un
peu primitifs surtout, qui n'ont retenu de cet
ordre que trois mots : *Mangin, général* et *extraordinaire*. Celui d'*ambassadeur* ne leur a rien dit du
tout, ou pas grand'chose. Ils ont pensé, et beaucoup d'indigènes des Andes pensent aussi, qu'un
jour éclatera une autre grande guerre universelle,
qu'on se battra dans toute l'Amérique, que vous
retournerez chez eux et que, ce jour-là, on lira sur
le front des troupes un nouvel ordre de prise de
commandement qui ne sera pas, cette fois, pour
une parade.

— L'imagination populaire, me répond Mangin,
a été impressionnée par la belle ordonnance des
fêtes militaires, et aussi des fêtes civiles, du Centenaire de l'Indépendance. Ces Péruviens ont le
goût des belles cérémonies et des belles proces-
sions religieuses ou civiques, de la grandeur et de
l'élégance. Ils sont généreux et enthousiastes ; et
je ne parle pas seulement de la société cultivée, le
peuple a les mêmes qualités. D'ailleurs, soit dit
en passant, les différences entre le peuple et l'élite
ne sont, dans aucun pays, aussi profondes que
certains écrivains voudraient nous le faire croire.
C'est une question de détails, de degrés et non

d'essence. Donc, la France a été acclamée par les Péruviens de toutes classes, en la personne de ses représentants. Tout autre Français, chargé de la même mission, aurait été reçu comme je l'ai été. Et, tenez! j'ai regretté que le protocole n'ait pas permis qu'aux diplomates et aux officiers des armées de terre et de mer, qui faisaient partie de la mission, on adjoignît officiellement, pour prendre part aux mêmes fêtes que nous et à nos côtés, une demi-douzaine de simples soldats. Avec quel enthousiasme cordial ils auraient été accueillis dans les casernes, dans les quartiers populaires et partout! En admettant que la légende dont on vous a parlé ait pu être esquissée quelque part en une journée d'enthousiasme, elle n'est pas de celles qui se propagent, durent et s'imposent à des millions d'hommes. Dans une éventualité peu probable, les Hispano-Américains et les Brésiliens sauraient trouver chez eux le chef militaire digne de commander les armées d'une confédération; les circonstances feraient surgir un nouveau Bolivar, un nouveau San Martin.

Là-dessus, au fil de l'entretien, nous entrons dans un domaine de suppositions qui ne sont pas des impossibilités ni des absurdités. Je cite au général des faits d'un intérêt considérable sur lesquels le public n'est pas renseigné et que j'ai pu connaître grâce à mes séjours à l'étranger. Il les connaît aussi bien que moi, mieux que moi. D'ailleurs, je n'étais pas venu chez lui avec la prétention de lui apprendre quoi que ce fût en pareille matière. Un court instant de silence. Le général paraît réfléchir sur ce que nous venons de dire. Craignant d'être indiscret en renouant moi-même l'entretien, je me lève pour prendre congé ; mais il me retient et me dit tout à coup :

— Si, pour le malheur des hommes, une nouvelle guerre internationale éclatait et si des batailles avaient lieu dans le Nouveau Monde, les Américains latins étonneraient l'univers. Ils l'étonneraient parce que le jugement du public européen a été faussé, à leur préjudice encore plus qu'à celui des Français, par les théoriciens de la prétendue décadence latine ; car à ces théoriciens se sont joints, en l'espèce, certains professionnels de l'ethnographie qui prétendent que les métis et les Indiens d'Amérique, surtout ceux qui vivent dans les régions équatoriales et tropicales, sont des indolents, des paresseux ; ils les excusent en ajoutant que c'est la chaleur accablante et continuelle qui les rend incapables d'efforts. Or, ce sont de terribles guerriers. Quand l'amour de la patrie ou l'honneur les exaltent, quand un instinct puissant les pousse, rien ne les effraie. Ils ne sont même pas arrêtés par l'hostilité de la nature ; les différences de saisons, d'altitude et de climats n'existent plus pour eux. Ils ont donné des démentis éclatants à quelques lieux communs que la géographie humaine doit briser.

— L'épisode le plus étonnant de l'histoire militaire du monde est, peut-être, le passage de la formidable barrière des Andes par Bolivar, sous une pluie battante, diluvienne, de plusieurs semaines, avec une troupe de cavaliers des plaines chaudes.

— Dans une guerre de mouvements, ils seraient incomparables comme leurs ancêtres le furent pendant leur guerre de l'Indépendance — et je ne crois pas qu'une autre soit possible dans un continent si vaste, si accidenté, aux montagnes et aux fleuves démesurés, et encore si peu peuplé. On a dit que Bolivar, libérateur ou fondateur de cinq Républiques, fut le plus agile des génies militaires. A quoi lui aurait servi son agilité si ses soldats vénézuéliens, colombiens et équatoriens n'avaient pas eu assez d'agilité, de courage et de forces physiques pour le suivre ? Quand on étudie cette guerre de l'Indépendance dans les pays qui s'étendent de la Patagonie jusqu'aux frontières des États-Unis, on va sans cesse d'un sujet d'étonnement à un autre. Les livres scolaires européens n'en donnent pas la moindre idée. La plupart des pays qui s'étaient proclamés indépendants sont sortis d'une guerre ininterrompue de quinze années complètement ravagés, dévastés comme par un cyclone mons-

trueux et sans fin et, dans quelques-uns, avec une
population réduite de moitié. Et, naturellement,
c'était l'élite intellectuelle et morale qui avait été
la plus décimée. Tous les survivants étaient réduits
à la misère...

— Excepté les requins, les profiteurs de la
guerre...

— Bien entendu. Il y en a eu toujours et partout. Que l'on essaie d'imaginer ce que serait notre
Europe si elle avait subi pendant un temps aussi
long tant d'épreuves et une pareille saignée ! Et
encore ! la comparaison ne serait pas juste, car la
population de l'Europe serait restée assez dense, et
l'agriculture et l'industrie minière n'auraient pas
tardé à retrouver leur prospérité antérieure... Oui,
figurons-nous une France avec sa population réduite à dix-neuf millions d'habitants, et soixante
départements dévastés ; et pas d'argent... Cette
guerre de l'Indépendance, héroïque et terrible —
que personne ne songe à blâmer, malgré les
malheurs, les cataclysmes qui l'ont accompagnée
et suivie — ce long, douloureux et pathétique
enfantement de près d'une vingtaine de nations
est la principale cause de l'instabilité, des troubles
intérieurs et des difficultés financières de ces
jeunes Républiques au cours du dix-neuvième siècle. La décadence latine — deux mots vides de
sens — n'y est pour rien. Elles se sont relevées

lentement, très lentement ; il y a encore des secousses. Je ne crois pas que, dans des circonstances pareilles et dans les mêmes milieux géographiques, des Anglo-Saxons ou des Scandinaves eussent mieux fait, et plus vite. Les conditions nécessaires à un plein essor économique ne sont pas encore réalisées partout, mais, en dépit de quelques sursauts ou guerres civiles, çà et là, de grands espoirs sont permis. Mais que l'Amérique latine jouisse encore longtemps, le plus longtemps possible, des bienfaits de la paix : paix entre ses jeunes États, paix entre la collectivité de ses États et les autres pays de la terre. Leurs citoyens seraient des soldats vaillants, entêtés, tenaces. Raison de plus pour leur souhaiter de vivre en paix. Le patriotisme les rend parfois ombrageux. Vous savez qu'il y a, entre le Pérou et le Chili, des motifs de conflit et des craintes d'une nouvelle guerre. Des Chiliens ont cru que j'avais manifesté plus ou moins explicitement une sympathie particulière pour la cause du Pérou. Comme si j'avais pu commettre une pareille incorrection au cours d'une ambassade et lorsque, après avoir pris congé du gouvernement et du peuple du Pérou, j'allais faire une visite à ceux du Chili ! Mais quand on a affaire à des personnes intelligentes et courtoises, une explication simple et loyale suffit à dissiper tout malentendu. Je n'ai qu'à

me féliciter de mes relations, d'abord officielles,
puis personnelles avec les représentants des deux
pays. Quant au conflit, dont le règlement est
soumis à un arbitrage, je souhaite, avec tous les
amis sincères et désintéressés de l'Amérique du
Sud, que la sentence arbitrale soit telle qu'elle
réjouisse autant les Péruviens que les Chiliens.
Évidemment, ce sera très difficile, mais je ne crois
pas que ce soit impossible. Enfin, ces Républiques
latines ont besoin d'assurer la stabilité de leurs
institutions...

— En revenant aux idées et aux projets de
Bolivar.

— A propos de Bolivar dont nous n'avons presque pas parlé! Quelle est la source de documentation la plus complète et la plus sûre sur lui et la
guerre de l'Indépendance dans les pays dont l'union
forma la Grande Colombie?

— Les *Mémoires d'O'Leary*, un officier irlandais
qui fut son aide de camp. C'est une œuvre monu-
mentale qui comprend trente-deux volumes dont
les deux premiers sont la vie du Libérateur; trois
contiennent sa correspondance et tous les autres
des documents officiels de toute sorte et des lettres
de personnages américains et européens.

— J'irai les consulter à la Bibliothèque nationale. Dès que j'aurai terminé un travail que je
prépare sur l'histoire militaire de la France que

dirige Hanotaux, je reprendrai mes études sur l'Amérique et j'ai l'intention d'en écrire une sur Bolivar.

— Toute la collection d'O'Leary est en espagnol, dis-je, croyant le décourager.

— Je lis assez couramment l'espagnol, si j'éprouve des difficultés à le parler par manque d'habitude, car tous les Sud-Américains que je fréquente parlent le français comme vous et moi. J'ai lu l'*Histoire de San Martin* par Mitre, et j'en relis de temps en temps quelques pages.

— Aïe! C'est Mitre qui vous a induit en erreur sur Bolivar!

III

La question du Pacifique. — Le Mexique et les États-Unis.
— Une femme de diplomate au Mexique. — « Nous
sommes au café du Commerce. »

La plus grande partie des pages qui précèdent a
été publiée, en avril 1924, dans la *Revue française*.
Elles ne reproduisent qu'une partie de l'entretien.
Pour transcrire tout — car j'avais pris des notes
sur tout en rentrant chez moi — il aurait fallu la
moitié du numéro de la revue; et, d'ailleurs,
quelques questions avaient été traitées sur lesquelles il n'eût peut-être pas été opportun de
rendre publique son opinion. Je n'étais pas allé le
voir en qualité de « reporter » d'un journal et il
m'avait reçu dans l'intimité, bien que ce long
entretien ait eu lieu dans son bureau de membre
du Conseil supérieur de la guerre, aux Invalides.
Pour les suivants, c'est à son domicile, avenue
de la Bourdonnais, qu'il me donna rendez-vous.

Aujourd'hui, je puis, hélas! revenir sur certains sujets, un, entre autres, dont il me parla
longuement. La veille, en feuilletant des numéros

de la *Revue de l'Amérique latine*, son attention avait été retenue par les deux paragraphes suivants d'une de mes chroniques et surtout par les lignes que je vais souligner :

« Les Républiques de l'Amérique latine ne furent pas invitées à la Conférence de Washington dont un des principaux objets était l'étude et la solution des problèmes du Pacifiqué. Quelques-unes, et non des moins importantes, sont pourtant situées au bord de cet océan et pourraient avoir à jouer un certain rôle en cas d'un conflit universel ; le Mexique surtout qui a une longue étendue de côtes sur le Nord-Pacifique et une frontière terrestre commune avec les États-Unis serait, dans ce conflit, un facteur d'une importance capitale. *Au cours d'un séjour au Mexique, pendant la dernière année de la présidence-dictature de Porfirio Diaz, j'entendis parler, dans les milieux diplomatiques et politiques, de démarches faites alors auprès du gouvernement mexicain par le Japon, soit directement, soit au moyen d'intermédiaires mais en son nom, en vue d'une future collaboration. Le secret fut bien gardé.*

« Écartée de Washington, l'Amérique latine l'a été également de Gênes. La France était favorable à sa participation aux travaux de cette dernière Conférence, mais l'Angleterre s'y montra nettement hostile et empêcha son admission, ainsi que

celle de la Turquie qui eût représenté non seulement le gouvernement d'Angora, mais encore le
monde de l'Islam et tous les éléments orientaux
qui se sont regroupés et se tiennent derrière elle. »

J'ajouterai encore, car ce qui suit fournit aussi
de la matière aux entretiens, que cette chronique
était écrite à l'occasion d'une étude dans laquelle
M. Gustave Gaillard avait examiné la cause de ces
exclusions. Elle est dans la volonté qu'a l'Angleterre de régler à son avantage la situation européenne sans que les nations des autres parties du
monde, dont la politique est nécessairement liée à
celle de l'Europe et qui sont elles-mêmes inté-
ressées au règlement à intervenir, puissent, par
leur seule présence, contre-balancer son influence
ou, au besoin, faire entendre leur voix. Elle n'a
pu faire exclure le Japon, qui est membre du Conseil Suprême, et encore moins les États-Unis ;
mais l'abstention volontaire de ces derniers a eu
pour résultat de fortifier la position de M. Lloyd
George.

D'autre part, il existe un conflit latent entre le
monde anglo-saxon et le monde latin. Il se révèle
à la lumière des événements actuels. Et je fais
quelques citations de M. G. Gaillard que Mangin
relit devant moi :

« L'année dernière, les États-Unis ont consenti
de nombreux emprunts aux Républiques de l'Amé-

rique du Sud, pour assurer des débouchés à leur industrie et maintenir le dollar. Devant la menace du *control* que, par suite de leur situation débitrice, les États-Unis paraissent tentés d'exercer sur ces Républiques, sous les formes très diverses que leur offrent leur législation et leurs méthodes politiques au plus grand bénéfice de la doctrine de Monroe, elles éprouvaient à nouveau le besoin de se rapprocher de l'Europe occidentale. Elles ont vu clair, et cette réaction doit être un avertissement pour les pays latins de l'Europe occidentale. Ceux-ci se tromperaient si, pour s'assurer l'appui des États-Unis, ils consentaient bénévolement à sacrifier la situation morale et les intérêts considérables qu'ils possèdent dans l'Amérique latine au lieu de soutenir cette dernière et de faire bloc avec elle. »

Il y a donc une tendance à reconstituer et à renforcer la solidarité des nations latines de l'Amérique.

« La transformation en ambassade des légations chiliennes à Buenos-Aires et à Rio de Janeiro, à laquelle l'Argentine et le Brésil répondront par une mesure de réciprocité, est une preuve de cette nouvelle orientation politique. Par cette réorganisation de leur représentation diplomatique, ces trois États reviennent à l'entente A B C et, en même temps, leurs représentants qui n'occuperont plus un rang secondaire à côté de ceux que les États-Unis ou les grandes Puissances d'Europe ont accrédités, seront à même de traiter avec ces derniers sur un pied d'égalité.

« Les démonstrations que provoque la célébration du premier centenaire de l'Indépendance du Brésil, telle que le manifeste du Comité de la Jeunesse Argentine pour le monument du Brésil, confirment le mouvement général de rapprochement des Républiques latino-américaines.

« Ce mouvement se comprend d'autant mieux que la politique britannique, qui paraît soutenir la doctrine de Monroe comme si elle avait vu le jour à la Cour de Saint-James, marche dans le sillage du gouvernement de Washington ; elle semble travailler de concert à livrer l'Amérique latine à la domination anglo-saxonne, et à préparer ainsi l'américanisation du monde annoncée par M. Stead[1]. L'Angleterre a, en effet, laissé signer le

1. Un autre avait fait cette prédiction bien avant M. Stead, exactement le 23 mars 1829, alors que les États-Unis étaient loin encore d'être une grande Puissance par l'étendue de leur territoire, leur population, leur industrie et leur richesse :

« Plus je vois ce pays extraordinaire (les États-Unis), plus je suis stupéfié des grands progrès qu'il a faits et qu'il continue de faire. Quelque jour, peut-être, il se démembrera ; je le désire pour le bien de l'humanité. Sinon, ce colosse sera encore plus terrible que les hordes de la Russie. Son ambition dépasse ses progrès ; elle est plus vaste que son territoire. Il ne sera satisfait que lorsqu'il sera le maître des destinées du monde. »

C'est extrait d'une lettre adressée de New-York à Bolivar par

traité Hay-Poncefote qui annule le traité Clayton-Bulwer, et on a vu M. Lloyd George, en dépit des suggestions françaises, éloigner l'Amérique latine de la Conférence de Gênes. En face de cette alliance politique qui s'appuie sur des éléments sociaux et religieux, les milieux politiques sud-américains et plus particulièrement brésiliens n'ont pas été sans ressentir la nécessité d'un rapprochement avec la France. »

*
* *

Mangin me demande d'abord des éclaircissements sur les démarches faites auprès du président Porfirio Diaz par le Japon ; il croit que j'en sais plus que je n'en ai dit :

— Je ne sais, lui dis-je, que ce que j'ai vu et entendu dans des salons mi-mondains et mi-politiques de Mexico ; et c'est beaucoup. Je n'ai reçu de confidence d'aucun homme d'État. Le secret fut bien gardé : je parle des décisions prises, des accords préparés ou conclus, verbalement ou par écrit, mais non de la réception de quelques personnages japonais qui n'eut rien de secret. Leur

Belford H. Wilson, un officier anglais qui avait pris part à la guerre de l'Indépendance de l'Amérique du Sud, aux côtés du Libérateur dont il était un des aides de camp et qui, la guerre finie, faisait une excursion aux États-Unis avant de rentrer en Angleterre.

mission devait être non seulement d'une importance considérable, mais aussi d'une nature très
complexe et délicate puisqu'on avait estimé, à
Tokio, que le ministre plénipotentiaire du Japon à
Mexico ne suffisait pas pour traiter l'affaire. Un
peu plus d'un an après, le Mexique célébrait le centenaire du « Cri de Dolorès », du soulèvement des
Indiens à l'appel du curé Hidalgo. A cette occasion,
le Japon envoya à Mexico une ambassade extraordinaire, tandis que d'autres Puissances, comme la
France, se bornaient à donner, pour la circonstance, le titre d'ambassadeur aux ministres plénipotentiaires accrédités auprès du gouvernement
mexicain. Peu après, comme par hasard, la révolution éclatait ; la dictature de Porfirio Diaz —
dont le moins qu'on puisse dire est qu'elle a assuré
au pays plus d'un quart de siècle de tranquillité et
de prospérité — prenait fin et le président-dicta-
teur, qui semblait devoir garder le pouvoir toute
sa vie, était obligé de s'expatrier et mourait dans
l'exil, tandis que le Mexique était mis à feu et à
sang.

— Malgré la guerre civile, les ruines, l'incerti-
tude du lendemain qui ont été les conséquences de
la chute de Porfirio Diaz, les gouvernements éphé-
mères du Mexique ont conservé le contact avec
celui du Japon. Cela non plus n'est pas un
secret.

Le général prend un livre, le feuillette et trouve vite ce qu'il y cherchait :

— Écoutez, me dit-il, ce qu'écrivait, le 26 décembre 1913, la femme du chargé d'affaires des États-Unis à Mexico : « Vous savez que de la Barra est arrivé à Tokio ? J'étais sûre qu'il y parviendrait, car il a une façon à lui de terminer tout ce qu'il entreprend. Cinq ambassadeurs différents ont été nommés pour porter au Japon les remerciements de la nation au sujet de l'ambassade spéciale envoyée au splendide *Centenario* de 1910, cette apogée de la vie nationale et internationale du Mexique. Les deux derniers furent Gustavo Madero et Félix Diaz. Vous vous rappelez de la Barra, un homme du monde, aimable, adroit, qui se montra, durant les cinq mois qu'il fut président *ad interim*, très bon danseur sur une corde décidément mal attachée…. Politicien de tact, travailleur, habile, ayant ce goût de la paix et de l'ordre qui n'est pas toujours inhérent à l'âme mexicaine ; un homme sûr, qui savait conduire les affaires du pays avec dignité… » Les présidents se succédaient donc avec rapidité au hasard de la guerre civile, mais il paraît bien que, sur certains points capitaux de politique étrangère et qui n'étaient sans doute pas sans rapport avec l'instabilité gouvernementale et les troubles, ils avaient tous la même opinion avec plus ou moins de fermeté. Et ils choisissaient

bien leurs ambassadeurs, si on en juge par ce portrait de la Barra. Connaissez-vous ce livre : *Une
femme de diplomate au Mexique pendant la dramatique période du 8 octobre 1913 au 23
avril 1914* ?

— Par Mme Nelson O'Shaughnessy. Voilà un
bouquin que tous les diplomates et tous les écrivains spécialistes de la politique étrangère
devraient étudier. Je ne connais guère que Jacques Bainville qui lui ait accordé l'attention qu'il
mérite.

— Avant de le fermer, relisons cette conclusion
de l'avant-propos écrit en 1916 par la femme du
chargé d'affaires des États-Unis : « Il y a deux ans
aujourd'hui que les relations diplomatiques ont
cessé entre les deux Républiques. Il y a plus de
deux ans que les constitutionnels, sous Villa et
Carranza, ont eu *notre plein appui moral et matériel* : les résultats ont été une expédition de répression pour s'emparer de Villa, et des relations très
incertaines et peu satisfaisantes avec le si hostile
gouvernement *de facto* de Carranza. Quant au beau
Mexique, ses industries sont mortes, ses terres
incultes, ses enfants vivent en exil ou meurent de
faim dans ce « grenier du monde ».

Après avoir placé le livre sur une pile d'autres,
le général reprit :

— En Europe, le public a accueilli les nouvelles

de la chute de Porfirio Diaz et de ses premiers successeurs avec une parfaite indifférence : « Encore
une révolution dans cette Amérique latine où on
en compte au moins une par semaine ? Peuh ! »
Les professionnels des questions économiques et
les journalistes documentés, mais insuffisamment,
parlèrent des raisons plus ou moins dissimulées —
économiques, industrielles ou bancaires — de
l'intervention des États-Unis dans les affaires inté-
rieures du pays voisin, surtout, bien entendu,
lorsque, en 1914, la marine de guerre yanquie
s'empara de Veracruz. Ils en oublièrent une qui, à
cette époque, trois mois avant la guerre universelle
que des esprits avertis et vigilants pressentaient,
dominait peut-être les autres et, en tout cas, existait sûrement. Ah ! tenez, ce livre de la femme du
diplomate yanqui est une mine....

Il le reprend, le feuillette de nouveau et trouve
d'autant plus vite ce qui lui est venu à l'idée qu'il
connaît la date des événements.

— Le 28 janvier 1914, reprend-il, le chargé
d'affaires des États-Unis apprend que le bruit
court que son gouvernement se dispose à prendre
parti en faveur des rebelles qui veulent renverser
le président Huerta ; il aurait commencé par lever
l'embargo sur les armes et les munitions qui
leur sont destinées. Opposé à cette politique,
M. O'Shaughnessy « va, écrit sa femme, jusqu'à

croire qu'il doit résigner ses fonctions si cela est
vrai, tant le navire de l'État ira, d'après lui, inévi-
tablement aux écueils. Il fera une protestation
auprès de Washington contre l'opportunité d'une
telle mesure. Le cri de Villa est : « En avant sur
Mexico ! », et, de fait, *il peut y arriver si nous
décidons de l'y porter. Il est chaque jour plus
enivré des faveurs des États-Unis.* Personne n'est
plus surpris que lui de son succès auprès des pouvoirs du ciel ». Le lendemain, le chargé d'affaires
et sa femme dînent chez un haut personnage
mexicain. Mme O'Shaughnessy écrit dans son
journal :

« Après le dîner, deux jeunes Mexicaines, aux
beaux yeux et à la voix claire, chantèrent des
chants mexicains. Hanihara (secrétaire du ministère des Affaires étrangères du Japon) était là,
écoutant avec son détachement habituel. Les officiers japonais sont extrêmement fêtés, entretenus
par chacun et tous des divers Départements de
l'administration, au point que leurs petits esto-
macs abstinents doivent se rebeller. »

Le général continue de feuilleter :

— Le 1ᵉʳ février, M. O'Shaughnessy reçoit un
câblogramme officiel l'informant que le président
Wilson va lever l'embargo, c'est-à-dire favoriser,
fomenter la guerre civile. Sa femme écrit le même
jour : « Nous savons à peine que penser, nous

sommes ahuris et épouvantés. Je suis bien aise que quelques heures, du moins, aient à s'écouler avant que la chose soit connue. J'oserais à peine sortir. Si affables que se soient toujours montrés les Mexicains envers Nelson et moi, leur patience devra un jour céder en face *des terribles conséquences que nous amenons sur eux*. Cet acte n'installera point les rebelles à Mexico ou ailleurs, il ne fera que prolonger indéfiniment la terrible guerre civile et grossir le fleuve de sang. » Et plus loin, le 14 mars : « Pour ce qui est des fomenteurs de révolution, les États-Unis ont certainement joué, depuis trois ans, un rôle constant et persistant, qu'aucun individu, aucune faction n'a ici dépassé. » Remarquez bien que celle qui juge ainsi les gouvernants de son pays est une bonne Yanquie, une patriote. Elle écrit des choses terribles, elle en laisse deviner de plus terribles encore. Mais cette femme de diplomate ne trahit aucun secret diplomatique de son mari. Les mêmes appréciations seront ou sont déjà imprimées dans des revues et des journaux nord-américains ou portées à des tribunes. Quels sont les grands périodiques français qui oseraient dire la moitié de ce que Mme O'Shaughnessy a publié en un volume, en anglais, aux États-Unis d'abord, puis en français, à Paris, en 1918? Il y a des questions qui passionnent l'Amérique du Nord et du Sud, qui inté-

ressent l'Europe autant que ses propres affaires
continentales, et l'univers entier, et que notre
presse traite d'une façon incomplète, avec un
timide laconisme, lorsqu'elle ne garde pas le
silence. On a peur de faire de la peine au gouvernement et aux citoyens des États-Unis. Nul plus
que moi ne désire que l'amitié scellée sur les
champs de bataille persiste et que nous nous ren-
dions de mutuels services dans la paix, comme
dans la guerre, si, par malheur, il y en avait
encore une. Mais ce n'est pas servir cette fraternité
que de donner des preuves de pusillanimité, de
servilisme et de peureuse infériorité. Entre un
grand peuple comme celui des États-Unis et le
nôtre, les relations de toute sorte, pour être vraiment profitables aux deux, doivent être celles de
deux égaux. Or, ce n'est pas sur ce pied d'égalité
que la presse de chacun des deux pays traite les
grandes questions de politique internationale qui
intéressent plus particulièrement l'autre, mais
dans lesquelles ses propres intérêts sont engagés,
peut-être même son avenir.

Mangin a gardé dans sa main gauche le livre
refermé de la femme du diplomate yanqui, comme
s'il prévoyait qu'il aurait encore à s'en servir. Il
suit une idée et, après s'en être écarté un peu en
apparence, il y revient :

— Avez-vous remarqué, me dit-il, qu'on a de

plus en plus la tendance à expliquer par un seul mot les questions les plus complexes et les plus embrouillées de la politique universelle? Maintenant, le mot magique est celui de *pétrole*. Pétrole des États-Unis, du Mexique, de l'Amérique du Sud, du Caucase, de Mossoul, etc. ! C'est le pétrole qui commande la paix et la guerre ! Le pétrole est, sans qu'on le dise publiquement, à la base d'un tas d'affaires de politique internationale, et il n'y a pas autre chose ! Deux grandes Puissances se disputent la possession des régions pétrolifères ou, tout au moins, le contrôle de leurs entreprises ! Celle qui l'emportera établira son hégémonie sur les autres ! Et allez donc ! On explique par le pétrole, auquel on ajoute, il est vrai, les riches gisements de minerai, l'intervention des États-Unis au Mexique. Eh ! le pétrole et les minerais à exploiter y sont pour quelque chose, mais ce n'est pas tout. Il y a aussi la question du Pacifique.

— Et d'autres encore. Au commencement du dix-neuvième siècle, l'industrie pétrolière n'existait pas, l'industrie métallurgique, peu développée, n'était pas un grand facteur de politique internationale, les questions du Pacifique étaient encore loin d'être soulevées. Et la politique des États-Unis envers le Mexique était exactement ce qu'elle est aujourd'hui ; et même elle l'était plus de dix ans avant que le Mexique eût conquis son

indépendance. A la même époque, ils avaient éla-
boré leur plan politique relatif à Cuba et à l'Espagne, leur plan d'expansion territoriale, leur
impérialisme. La conquête de près de la moitié
du Mexique, réalisée en 1847, avait été prévue,
décidée, avant 1820. Mais la plupart de nos historiens et sociologues n'ont découvert cet impérialisme qu'en 1898 et le font commencer à la guerre
contre l'Espagne et à l'annexion des Philippines et
de Puerto-Rico. On est frappé d'admiration lorsqu'on étudie tout cela dans les détails. Je ne sais
pas s'il existe un plus bel exemple de prévision, de
persévérance, de continuité et de réussite, surtout
si l'on songe qu'à l'époque où ses gouvernants dres-
saient la carte géographique (car cette carte a été
faite) de ses acquisitions et conquêtes, la République
nord-américaine était un pays pauvre, en somme,
et peuplé seulement de six millions d'habitants.

— Cela pourrait infirmer la thèse de Maurras
sur les démocraties qui ne peuvent avoir une politique étrangère continue.

— Oh! Maurras, avec son esprit pénétrant,
aurait vite fait de vous donner les motifs de cette
exception[1]. D'abord, les États-Unis sont-ils une
démocratie?

— Et la France? Mais ne nous égarons pas; res-

1. Charles Maurras n'a pas écrit d'étude sur cette question,

tons sur notre terrain américain, c'est un sujet inépuisable... La participation éventuelle du Mexique à une guerre du Japon contre les États-Unis n'est pas traitée à fond par Mme O'Shaughnessy ; elle n'y fait même, je crois, aucune allu-

mais il parle incidemment de la démocratie nord-américaine dans l'appendice I de *la Politique religieuse* :

« Ni en France, ni dans le reste du monde, c'est-à-dire ni en Amérique ni en Europe, y compris la plus pauvre Suisse, la plus égalitaire Norvège, n'existe une tendance des conditions et des classes à s'égaliser. Les choses, loin de se niveler, se différencient de plus en plus : en premier lieu, par l'effet du progrès matériel et financier ; en second lieu, par suite des progrès du socialisme (doctrine essentiellement aristocratique, en dépit de ses attaches provisoires avec la démocratie, doctrine d'*organisation* ouvrière, comparable au mouvement bourgeois et communaliste des onzième et douzième siècles) ; en troisième lieu, par la rencontre des nationalités et des races, qui, loin de fusionner, se heurtent en vue de se subordonner les unes aux autres : la guerre universelle, en désignant de quels côtés sont les plus forts, tend à instituer la hiérarchie générale. L'Amérique, que l'on nous donne pour le peuple de l'avenir, est précisément un pays très sensible aux nécessités de l'organisation économique et militaire : la démocratie existe bien chez elle, à quelque degré, mais dans le passé : ces premiers colons du dix-septième siècle, les transfuges du *May flower*, presque égaux entre eux, furent démocrates ; ses habitants d'aujourd'hui dédaignent la démocratie à peu près dans les termes qu'employait leur Edgar Allan Poë : « En dépit de la voix haute et salutaire des lois de grada-« tion qui pénètrent si vivement toutes choses sur la terre et « dans le ciel, des efforts *insensés* furent faits pour établir une « démocratie universelle. »

Les colons anglais de l'Amérique du Nord étaient-ils des démocrates, instituèrent-ils dans chacune des colonies un gouvernement démocratique ? Ce serait à examiner. En tout cas, cela ne dura pas longtemps. La Constitution de 1778 n'est pas démocratique. On trouve dans la « Déclaration de l'Indépen-

sion directe. Pourtant, pour qui sait lire et comprend les plus vagues sous-entendus, c'est comme un filigrane de son livre. Le jour que les États-Unis ont accompli un acte de guerre et que le sang a coulé à Veracruz, elle ne manque pas d'écrire dans

dance » qui lui sert de préambule des échos des idées philosophiques de l'époque, et même des affirmations de principes comme la suivante : « Pour nous, ce sont des vérités incontes- « tables que tous les hommes naissent égaux ; que le Créateur a « accordé à tous certains droits inhérents dont personne ne peut « les dépouiller... » Mais c'est une phraséologie sans sincérité. La même Constitution maintient l'esclavage ; elle refuse le titre de citoyen, et les droits qu'il comporte, aux mendiants. L'esclavage est aboli en 1860. Les nègres sont proclamés égaux des blancs, électeurs et éligibles. C'est encore de la phraséologie. La Constitution est perpétuellement violée contre eux. Ils restent des parias ; si l'un d'eux était élu député, il serait mis dans l'impossibilité de siéger.

Aux États-Unis, la Constitution *effective* (qui, dans beaucoup de pays, et surtout en Amérique, est le contraire de la Constitution *écrite*) a évolué rapidement de l'aristocratie à la ploutocratie, et cette évolution a été favorisée par l'œuvre des Constituants de 1777.

Sous ce titre : *la Constitution des États-Unis comme instrument de domination ploutocratique*, M. Carlos Pereyra a écrit un livre qui mériterait d'être traduit en français et en anglais. Nous y relevons ces quelques observations :

« La Constitution des États-Unis traduit la plus grande méfiance contre les assemblées primaires et, en second lieu, contre les assemblées de représentants émanés directement du peuple.

« La Constitution américaine de 1787 fut une copie fidèle de la Constitution anglaise contemporaine, aussi fidèle que possible étant donné les matériaux qu'on avait en main. Et c'est naturel. Les constituants, que nous voyons profondément préoccupés par des exigences de classe, se trouvaient sous l'influence de l'éducation qu'ils avaient reçue, et l'une et l'autre tendance les

son journal que la foule s'est livrée à des manifestations dans les rues de Mexico et a crié : « Vive le Japon! »

Le général ouvre pour la troisième fois le journal d'*Une femme de diplomate au Mexique* :

— J'allais oublier cette citation, dit-il.

Et il lit :

« 23 janvier. — Hanihara, lè brillant secrétaire du ministère des Affaires étrangères japonais, qui est ici pour étudier les conditions et, sans doute, les possibilités de la situation japonaise au Mexique, s'est amené hier. Nous l'avions connu à Washington. Il parle l'anglais à la perfection et, en apparence, il est européanisé à un degré inaccoutumé, mais il va de soi qu'il n'en demeure pas moins parfaitement japonais. Je donnerai un déjeuner en son honneur à Chapultepec... »

menaient par le chemin de la tradition qui était le plus sûr pour parvenir à leur objet. L'Angleterre avait établi la législation idéale pour une oligarchie, et les Nord-Américains, ou plutôt le groupe brillant d'avocats qui formaient l'Assemblée de Philadelphie n'avait qu'à recourir, pour développer ses plans, aux inspirations intellectuelles de l'éducation qu'ils avaient reçue.

« Au-dessus de l'exécutif et du Sénat se dressait une autorité suprême et auguste, la cour de justice, la cour suprême... qui établit une véritable autocratie judiciaire sur toute la nation.

« ...L'instrument législatif américain a conservé sa structure de rigidité mécanique et il est aujourd'hui, comme toujours, l'obstacle le plus efficace à la manifestation organique de la volonté de l'opinion publique dans la vie politique normale de la nation. »

« 26 janvier. — Un mot en hâte avant de commencer une journée affairée. Je dois aller à Chapultepec pour voir si tout est bien pour ce déjeuner que nous offrons à Hanihara et à Cambiaggio (ministre d'Italie). La ville se remplit des officiers japonais du *Idzuma*, qui est à l'ancre à Manzanillo. Il y aura une vraie démonstration en leur honneur, pour bien marquer le sentiment antiaméricain. Il y a un programme officiel très chargé jusqu'à vendredi soir, quand ils retourneront à bord. »

Puis :

— Nous sommes bien loin de savoir tout, dit le général ; mais nous en savons assez pour nous adonner un instant, surtout dans une conversation familière, au jeu des conjectures. C'est ce que font, tous les jours, de bons petits bourgeois pacifiques et ignorants, au café, en prenant l'apéritif et après avoir terminé leur partie de manille. Aussitôt après la guerre de 1870, la plupart de ces braves gens pensèrent que, tôt ou tard, il y aurait une nouvelle guerre entre la France et l'Allemagne. Ils supposaient qu'elle éclaterait au sujet de quelque grave affaire en Alsace ou à la suite d'un incident de frontière, qu'elle serait peut-être amenée par la campagne de presse allemande contre notre Légion étrangère. Tout à coup, il y a une menace de guerre ; les événements se précipitent avec une rapidité affolante, la guerre est déclarée, et c'est à cause de la Serbie ! Alors, des centaines de milliers de Français cherchent dans un atlas où se trouve ce pays. On raisonne à peu près de la même manière au sujet de la prochaine dernière grande guerre, entre les États-Unis et le Japon : c'est une affaire entre ces deux pays seulement pour la domination du Pacifique ; la cause naîtra d'un incident qui se produira dans l'un d'eux, presque sûrement aux États-Unis qui mettent toute sorte d'obstacles à l'immigration japonaise ; mais on sait, en outre, que chacun aura des alliés. Or, qui sait si la guerre n'éclatera pas dans un autre pays d'Amérique, un « pays à intérêts limités », comme disent les diplomates, un de ceux qui n'ont pas pris part à la Conférence de Washington ?

— Le Pérou, le Chili, par exemple.

— Et qui sait si ce n'est pas dans les eaux d'un de ces deux pays ou d'un autre que se livreront les grandes batailles ? Au début des hostilités, les mêmes braves gens chercheront sur la carte de l'Amérique où se trouve ce Chili, ce Pérou, ou cet autre État qui a mis le feu aux poudres et va jouer un grand rôle de belligérant. Autre chose : lorsqu'ils étudient les possibilités et probabilités de cette guerre du Pacifique, les stratèges de journaux ne l'envisagent qu'au point de vue maritime ;

ils raisonnent comme si tout devait se passer sur
l'Océan, ils comparent les forces navales des États-
Unis et du Japon, celles des autres nations sus-
ceptibles de s'allier à l'une ou à l'autre de ces deux
puissances, et les programmes de construction de
navires. On n'a qu'à jeter un coup d'œil sur la
carte de l'Amérique du Nord pour voir que les
États-Unis et le Mexique ont une frontière terrestre commune de plus de mille kilomètres. Alors !
si, dès le début, le Mexique est l'allié du Japon,
comme c'est probable, une partie de la guerre se
fera sur cette frontière. Une armée de deux ou
trois cent mille Mexicains, guerriers courageux,
luttant pour l'existence de leur patrie, n'est pas
quantité négligeable. Supposons que, dès les premières opérations, le succès soit pour elle et que,
de son côté, le Japon ait l'avantage sur mer : celui-ci
débarque un corps d'armée dans un port mexicain [1], et c'est sur terre, autant sinon plus que dans

1. Un des rares journalistes qui sachent tout ce qui se passe
en Amérique, et qui le disent, M. Louis Guilaine, écrit dans *le
Temps* du 11 septembre 1925 :

« Les Japonais ont porté, depuis plusieurs années, leur activité et leurs forces d'expansion vers l'Amérique latine ; il y ont
créé des lignes de navigation, des succursales de leurs banques,
des comptoirs commerciaux. Leur propagande s'y applique à
faire ressortir les affinités existant entre les populations indigènes de l'Amérique latine et les Asiatiques dont les émigrations
peuplèrent le Nouveau Continent bien avant sa découverte par
Colomb. Le Brésil a commencé, pendant la guerre européenne,

les eaux de l'Océan que la guerre se déroule. Bien entendu, on peut, on doit même faire les suppositions contraires : la supériorité des États-Unis s'affirmant, dès le début, sur terre et sur mer, le Japon dans l'impossibilité d'opérer un débarquement. Mais il faut tout prévoir. Les techniciens de l'art de la guerre et les hommes d'État de Washington, de Tokio, de Mexico et d'autres capitales ont certainement pensé à tout. Hanihara, le brillant secrétaire japonais, qui, en une heure de crise terrible, déjeunait dans un restaurant de Chapultepec avec la charmante et spirituelle femme du diplomate yanqui pendant que la société mexicaine fêtait les officiers de la marine de guerre

à faire appel à la main-d'œuvre nippone ; mais c'est au Mexique que ces Asiatiques trouvent le terrain le plus propice.

« Le rapprochement du Mexique et du Japon remonte aux derniers temps de la dictature de Porfirio Diaz. *Il a été question de la concession aux Japonais de la baie de la Magdelena* (Californie mexicaine), projet qui échoua sans doute sous la pression de la diplomatie des Etats-Unis. Ceux-ci ne sauraient admettre qu'une base navale japonaise puisse s'organiser dans l'Amérique latine et surtout dans leur voisinage immédiat. Quoi qu'il en soit, les Nippons, repoussés des Etats-Unis, opéraient sans bruit un mouvement tournant par le Mexique et l'Amérique du Sud. Et c'est pourquoi Monroe veille à Washington, suit avec vigilance les développements de la politique révolutionnaire du Mexique, s'inquiète des répercussions que les influences asiatiques pourraient avoir sur l'Amérique latine au point de vue de l'agitation bolcheviste, du réveil des races inférieures assujetties et du mouvement indianiste qui se manifeste non seulement par les revendications indigènes au Mexique, mais par d'autres faits symptomatiques dans ce pays et ailleurs. »

japonaise, Hanihara n'ignorait rien. Vous et moi, en ce moment, nous sommes au café du Commerce.

Il était plaisant d'entendre ce grand stratège me dire, en souriant, dans son cabinet du Conseil supérieur de la Guerre : « Nous sommes au café et nous manions des escadres et des armées comme font le petit boutiquier du coin, l'employé des Postes et le retraité de l'Enregistrement. »

Là-dessus, le général me fait observer que nous avons assez longuement causé du Mexique, et nommé, seulement en passant, le Pérou et le Chili ; il y a d'autres conjectures à faire ; je dois en avoir au moins une qu'il ne connaît pas et qu'il me prie de développer. Je m'excuse : qu'ai-je à faire mieux que de l'écouter ? Il insiste. Je lui réponds que j'avais projeté, il y a plus d'un an, d'écrire une étude intitulée : *les Démocraties guerrières de l'Amérique*, où j'aurais envisagé la possibilité du déclenchement de la grande guerre du Pacifique en Amérique du Sud, dans un pays autre que le Chili et le Pérou, et qui pourrait être, par exemple, la République de l'Équateur.

— Écrivez-la !

— Il faudrait d'abord être sûr de trouver une revue qui accepterait de la publier sans y faire des coupures.

Comme je viens de préciser qu'il s'agit de l'Équateur, le général me questionne et me demande en riant si j'aurais été renseigné personnellement sur la diplomatie de ce pays par une dame du genre de Mme O'Shaughnessy, qui aurait été ambassadrice des États-Unis à Quito. Je lui réponds que je ne sais que ce que j'ai lu dans des documents imprimés qui ont toute la saveur de l'inédit, car presque personne ne les lit en Europe.

— J'en connais au moins un, une brochure qui fait honneur au patriotisme des enfants et des adolescents des écoles équatoriennes.

Bon ! je vois à quoi le général fait allusion. Au cours de ses études et de sa mission, rien d'essentiel ne lui a échappé, même en ce qui touche aux pays qu'il n'a pas visités. Je ne puis le renseigner que sur des points de détail. Et sur Bolivar. Je suis venu pour lui parler de Bolivar, et d'autres questions ont pris tout notre entretien ; il en sera de même du prochain, car je vois que l'Équateur l'intéresse, et nous en aurons bien pour une heure. Mangin me donne rendez-vous pour un jour de la semaine suivante et me demande d'apporter mes documents.

En m'accompagnant jusqu'à la porte et en me serrant la main, il tient encore dans sa gauche le journal d'*Une femme de diplomate au Mexique*. Il y pense encore, car sa dernière phrase est :

— Peu de livres étrangers m'ont autant intéressé, diverti et instruit.

IV

Les petits diplomates de Riobamba. — Encore la question
du Pacifique. — « Il faut militariser le pays. » — L'éducation de l'Indien par la caserne.

— Connaissez-vous ceci ? me demande le général Mangin, *ex abrupto*, après m'avoir serré la
main.

Et il me tend une brochure que je connais, en
effet, et dont voici le titre que je traduis du castillan : *Essai de début sur le litige séculaire des
frontières entre l'Équateur et le Pérou*. C'est pré-
cédé de la devise « Dieu et patrie », suivi de cette
épigraphe : « Qui défend maintenant les droits de
l'Équateur défend une cause fondée sur la justice »
(González Suárez), et daté de « Riobamba, collège
San Felipe, 24 mai 1921 ».

— J'ai reçu cette brochure il y a plus d'un an,
lui dis-je ; je croyais être le seul Français à la pos-
séder ou, du moins, à l'avoir lue. Et je voulais
vous en parler.

— Je m'en doutais. Quand vous m'avez parlé
d'une possibilité, pour l'Équateur, de prendre part

à une guerre soulevée par une des questions du Pacifique, j'ai aussitôt pensé à cette brochure et j'ai supposé que vous songiez aussi au débat qui eut lieu à Riobamba, en mai 1921, entre les hommes politiques, les diplomates et les professionnels du droit international que vous savez.

Nous saurions tous deux : on va voir pourquoi.

— Au cours de ma mission, reprend Mangin, et même avant mon départ de Paris, les gouvernements des Républiques que j'ai visitées me firent remettre des brochures et des livres pour me documenter. Car tous les États font, plus que jamais, de la propagande par l'imprimé. Je n'ai pas été à l'Équateur ; la durée de ma mission était limitée et il m'était impossible d'aller partout, mais j'ai regretté particulièrement que l'Équateur n'ait pas été compris dans le nombre des pays dont j'allais saluer les gouvernants et les peuples au nom de la France, car j'aurais aimé m'entretenir, sur place, avec quelques personnages éminents de certaines questions auxquelles j'attache une grande importance. Or, pendant mon séjour à Lima, je reçus cette brochure. Ce n'était pas un envoi officiel du gouvernement, ni même d'une société. L'expéditeur devait être un adolescent, peut-être même un enfant, si j'en juge par la suscription. Je jette un coup d'œil sur la table des matières et j'y vois ces titres de chapitres : « L'Audience royale de

Quito en 1789. — Exposé du litige séculaire. —
L'argument juridique en faveur de l'Équateur. —
L'argument historico-politique de la défense
équatorienne. — La Cédule royale du 15 juillet 1802 », etc. Des documents diplomatiques,
pensai-je. Je verrai cela à mon retour en France,
quand j'aurai le temps et que je me serai familia-
risé un peu plus avec l'espagnol. Avant de fermer
la brochure, mes yeux tombent sur la photographie
des personnages qui ont pris part au débat sur le
litige séculaire et qui sont réunis dans le jardin du
collège de Riobamba au pied d'une statue de la
Sainte Vierge, entre deux drapeaux équatoriens ;
ceux que j'ai pris pour des personnages de la politique, de la diplomatie et des études juridiques
sont des élèves du collège, des enfants de dix à
quatorze ans ! J'en souris, mais non par ironie et
encore moins par moquerie. C'est tout simplement
admirable. Ces enfants se meuvent dans le dédale
des précédents historiques, des causes et des conséquences de la guerre de leur pays avec le Pérou,
des arguments de droit international et des clauses
d'arbitrages avec la même aisance que dans les
allées du jardin de leur collège. Le supérieur de
San Felipe avait eu l'idée, à l'occasion du voyage
à l'Équateur d'un délégué du roi Alphonse XIII à
l'arbitrage de qui le litige entre les deux Républiques était soumis, d'instituer un débat entre les

meilleurs de ses élèves sur cette question vitale pour l'Équateur. Chacun l'a étudiée sous un de ses aspects qu'il a développé, ensuite, verbalement devant ses camarades et un jury. Et Dieu sait si c'est compliqué ! La lutte pour de vastes territoires, tantôt sur les champs de bataille, tantôt dans la presse, à la tribune des parlements et autour de la table à tapis vert des plénipotentiaires emplit le dix-neuvième siècle et n'est pas encore achevée. Il faut aller chercher des précédents et des arguments jusque dans les cédules royales de l'ancien régime. Ces enfants ont si bien traité le sujet qu'on ne saurait exiger mieux d'un candidat à l'agrégation ou à la carrière diplomatique... Cela n'a l'air de rien, cette pauvre petite brochure, mais elle est plus instructive que certains grands ouvrages de propagande somptueusement édités. Elle prouve, entre autres choses, qu'aux écoles de l'Équateur, les enfants sont élevés dans le culte de la patrie et que l'enseignement de l'histoire joue un rôle considérable dans leur éducation. Et cela, raisonnablement, sans outrance ni déclamation creuse. Quand ils seront grands, s'ils doivent aller à la guerre et si on leur demande : « Pourquoi te bats-tu ? », ils sauront ce qu'il faut répondre. Ils le savent avant même de quitter le collège. En outre, leur éducation sera continuée à la caserne. Là, les illettrés, les demi-civilisés que sont encore les

Indiens des régions éloignées et peu peuplées, apprennent non seulement à lire et à écrire, mais aussi ce que c'est que la patrie dont ils font partie et qu'ils ignorent. Pour les Indiens et les nègres la caserne est éminemment éducatrice et civilisatrice. Voilà pourquoi, moi qui ai passé une partie de mon existence à l'étude et à l'organisation de la « Force noire » dans notre Afrique, j'aurais aimé à aller étudier à l'Équateur cette question de l'éducation des Indiens. Le culte de la patrie dans les écoles primaires et les collèges, et l'œuvre de civilisation par la caserne se présentent de la même manière au Pérou qu'à l'Équateur, ainsi que j'ai pu l'observer ; mais je ne sais pas si on s'y livre, dans les collèges, à des joutes diplomatiques avec autant de sérieux et de succès qu'à San Felipe de Riobamba. C'est fort probable.

Le général Mangin a écrit la page suivante dans le chapitre intitulé « Chez les Incas », de son livre *Autour du continent latin* :

« Ils (les officiers péruviens) savent que, en aucun cas, la pénurie momentanée de matériel ne doit empêcher l'instruction militaire ; ils ont à défendre le sol natal et à soutenir les antiques et glorieuses traditions de tous les éléments qui forment leur peuple. Mais leur rôle ne se borne pas à la prévision d'une guerre toujours possible ; pendant la paix, ils sont les éducateurs qui créent l'unité nationale. Quand la population est groupée‘ c'est l'instituteur primaire qui a le devoir de former des citoyens en enseignant la langue et l'histoire du pays, le respect des lois et de la morale, les droits de l'homme et ses devoirs envers la collectivité. Mais ici la dispersion sur de grands espaces rend impossible la fréquentation de l'école pour le plus grand nombre des Péruviens. Comment l'exiger quand la densité descend à deux habitants au kilomètre carré ? C'est au régiment que l'Indien apprendra l'espagnol, qu'il prendra conscience de cette magnifique unité de la patrie. Il faut donc que l'officier connaisse le quetchua pour enseigner le castillan. Il faut qu'il se donne de tout cœur à cette grande œuvre. Le Pérou possède en Amazonie un domaine colonial immense, d'une extrême richesse, dont un réseau fluvial magnifique permet la mise en valeur; l'armée aussi collaborera à cette tâche en reconnaissant ces régions, en y traçant les routes nécessaires, en prenant contact avec des tribus encore sauvages, qu'il faut comprendre et aimer pour pouvoir les apprivoiser et les élever vers la civilisation. L'armée accroîtra ainsi la richesse et la puissance du pays... »

Le général Mangin dit en Amérique : « comprendre et aimer les Indiens », comme il a dit en Afrique : « comprendre et aimer les noirs ». Tout son génie, si humain, d'organisateur et de civilisateur est dans ces deux mots.

Après que je lui ai rappelé cette page sur les Incas, Mangin me dit :

— Dans ses grandes lignes, ce problème d'éducation se pose à l'Équateur de la même manière qu'au Pérou, et les conditions géographiques sont les mêmes.

— Et la question sociale également...

— En somme, les petits collégiens de Riobamba m'ont appris, sans que j'aie eu besoin de leur faire une visite, qu'il y a, entre leur pays et le Pérou, une vieille hostilité. Tout le monde désire, évidemment, qu'un règlement amiable intervienne à la satisfaction générale et qu'une amitié durable lie enfin les deux peuples. Mais nul ne peut affirmer que cela se fera. Or, l'Équateur est un État du Pacifique, comme son voisin le Pérou qui n'a pas encore fini de vider sa querelle avec le Chili. Voilà donc un élément américain de plus qui peut être entraîné dans le conflit du Grand Océan.

— Après les enfants du collège, voici les adolescents et les jeunes gens de l'Université.

Je remets au général Mangin le premier numéro d'une revue parue en mai 1922, un an après la manifestation scolaire de Riobamba ; je lui fais une analyse de l'article qui l'ouvre et lui en traduis quelques passages. La revue s'appelle — je ne sais pourquoi — *Atlantida,* et elle porte, en sous-titre, sur la couverture ces mots : « Organe de la Fédération des étudiants de l'Équateur[1]. » Les jeunes

1. L'existence d'*Atlantida* fut de courte durée. Quelle n'a pas été notre surprise, en 1925, de recevoir une feuille bolcheviste, *la Avalancha,* paraissant plusieurs fois par mois à Quito et portant le même sous-titre : « Organe de la Fédération des étudiants de l'Équateur » !

Cette « avalanche », demandions-nous dans une chronique de la *Revue de l'Amérique latine,* est-elle bien l'organe officiel de la Fédération des étudiants de cette sympathique République, et ses rédacteurs sont-ils vraiment les porte-parole de toute la jeunesse studieuse des Universités équatoriennes? Nous le croyons puisqu'ils l'affirment et qu'aucune protestation ne s'est élevée, à notre connaissance du moins. Mais c'est bien étrange ! Car alors la jeunesse patriotique et nationaliste de 1922 est devenue, trois ans après, internationaliste, marxiste et bolcheviste. Elle ne l'envoie pas dire. Elle le dit. Et en quel style ! On en jugera par ces quelques extraits des premiers numéros :

« De l'arête incisive de la montagne de notre joie jusqu'aux tourbillons obscurs, se fond notre avalanche comme un dégagement platonique de notre jeunesse. Avec elle, nous allons tous. Faire de la destruction une signification, et de la création un symbole. Sonder tous les Océans, démolir les quartz les plus compacts. Faire du rugissement tonnant d'une trombe de mer un nouvel hallali et conduire notre char de la démocratie avec un quadrige d'ouragans.

« Nous croyons aux crises des nationalités, aux saturnales du militarisme et à la charogne de la guerre.

« Nous croyons à la nouvelle latinité dynamique. Sur les vestiges de la barbarocratie yanquie nous érigerons le dolmen de la cultocratie du Sud.

« Nous croyons à Leningrad, siège soviétique et faisceau d'irradiations incommensurables.

« La revanche viendra comme un ouragan rugissant. Les hommes faméliques de toutes les bourgeoisies de l'univers seront les déplorables laquais de la pensée et du travail, histrions ou mendiants de la mentalité, eunuques ou parasites de l'activité du

gens qui la rédigeaient étaient pleins de bonne volonté et animés d'un désir ardent de travailler au développement intellectuel de leur pays. Tout au plus pouvait-on leur reprocher de dédaigner la littérature pure et, en particulier, la poésie. L'orientation de notre revue, disaient-ils dans leur article-programme, sera essentiellement scientifique. Ils ajoutaient :

« La civilisation, l'époque contemporaine réclament d'autres formes d'intellectualité dans lesquelles nous devons mouler notre pensée. Nous voulons un Équateur renouvelé dans son aspect matériel et moral, moins *politiquailleur*, moins fanatique, où l'on donnera moins de valeur aux paroles et aux hommes et plus d'attention aux idées...

biceps; car le capital pulvérisé se répandra en milles atomes de tempête...

« Universalistes, emphatiques et marxistes irréductibles, nous agitons une idée : celle de la nécessité du bouleversement vertigineux des régimes bourgeois, la thèse ronde du cataclysme révolutionnaire. Mais il ne nous importe pas que le saut incommensurable soit préparé... »

Il y a pis; il y a des phrases d'un pédantisme tel que la langue française se refuse à les traduire. Avec ce style emphatique (comme ils disent eux-mêmes), frénétique, apocalyptique, ces jeunes gens croient être de hardis et sublimes réformateurs. Ils ne sont que ridicules. Ce style est le signe d'un lamentable abaissement de l'intelligence; il suffit à les condamner.

Peu après, nous apprîmes par *la Cruz* de Quito que *la Avalancha* n'est pas l'organe de la Fédération des étudiants de l'Équateur, mais uniquement celui de ses rédacteurs. Mais comment a-t-on pu la laisser s'emparer de ce titre?

« La jeunesse est maîtresse de l'avenir : elle doit le forger conformément à ses aspirations et à ses idées. Travaillons pour l'avenir définitif de la patrie équatorienne, maintenant que nous sommes à l'époque dorée de notre vie d'étudiants... »

Ces étudiants étaient de fervents patriotes qui envisageaient courageusement l'éventualité d'une guerre nationale. Ils étaient démocrates et militaristes. Il n'y a pas, surtout en Amérique, entre ces deux mots, l'opposition et l'incompatibilité qu'on se figure généralement. On trouve des exemples, dans l'histoire, de démocraties militaires et même cruellement oppressives. Il y en a dans le lointain passé : le prétendu empire de Montezuma, par exemple, était une démocratie militariste basée sur les Droits de l'Homme... de l'Homme vainqueur exploitant et pressurant l'Homme vaincu.

L'article-programme de la direction d'*Atlantida* qui n'a que deux pages est immédiatement suivi d'une étude de trente-cinq pages, signée Julio H. Santamaria, qui a toutes les allures d'un manifeste ; c'est intitulé : « Nécessité de militariser le pays ». Tout simplement ! Pourquoi faut-il militariser l'Équateur ? On nous le dit tout crûment, après une introduction montrant le développement, à travers l'histoire, de la guerre qui est « une condition de la vie » et illustrant cette parole de Michelet : « Avec le monde a commencé une guerre qui ne finira qu'avec le monde. »

« Au milieu de l'ambiance belliqueuse des peuples, la préparation militaire obligatoire s'est imposée avec les caractères de nécessité nationale dans tous les États du monde, et peu nombreuses sont les nations qui, par exception, sont restées en marge du courant politique international. »

Écartons par hypothèse et pour le moment (pour le moment !), dit M. Santamaría, les considérations sur *le rôle que les peuples de la côte occidentale du Pacifique — y compris l'Équateur — pourraient jouer dans le cas d'une guerre entre le Japon et les États-Unis de l'Amérique du Nord;* pour les Équatoriens la militarisation s'impose à deux points de vue ; l'un intérieur, de caractère social, l'autre de politique internationale intéressant la vie même de l'État.

Le premier est le problème de la régénération de l'Indien « sans idées, sans stimulants, sans travail stable... et dont le développement est inférieur aux ruches d'abeilles et aux sociétés de fourmis... ».

« Nous palpons les grands maux que cause au pays l'état d'ignorance de l'Indien. Ce concitoyen, déchu depuis quatre cents ans, proscrit, abattu, sous le regard despotique du maître, est moins qu'un esclave. Isolé, errant par la verte campagne et le désert gris, il extériorise la lamentation de

sa chute et la tristesse de son âme indéfinissable
en un *yarabi* qui n'est écouté que par son inséparable compagnon, un chien décharné avec
lequel il partage sa tristesse native. Mais ce même
Indien, en bandes, est pareil à une troupe de fauves
qui menacent d'exterminer tout ce qui se trouve
sur leur passage.

Les plus fortunés des Indiens ont passé par
l'école comme des fantômes ; la voix de l'instituteur n'est pas parvenue à impressionner leur sen-
timentalisme ni à développer leur faculté de rai-
sonner. « L'enseignement civique, dans le sens
étendu du mot, n'existe pas et les idées qu'on
donne aux écoliers indiens sur la patrie sont
vagues, ambiguës, indéterminées, sans l'héroïcité
ni la clarté qui éveillent l'enthousiasme de l'âme
enfantine. »

D'ailleurs, ces Indiens favorisés du sort sont en
infime minorité ; ils habitent les villes ou les villages pourvus d'écoles. Dans les vastes territoires
de l'Orient qui couvrent plus de la moitié de la
superficie de l'Équateur et où la densité de la
population n'est même pas d'un habitant par kilomètre carré, il n'y a pas d'écoles ; les Indiens y
sont dispersés, abandonnés à eux-mêmes et à
leurs instincts ou, ce qui est pis, à des maîtres
rapaces qui font d'eux ce qu'ils veulent sans se
soucier des lois de l'humanité ni de celles de l'État

qui sont, encore aujourd'hui, aussi inefficaces sinon
plus que sous l'ancien régime.

« Le service militaire obligatoire serait un des
moyens de les civiliser, non que la caserne soit
l'école des bonnes mœurs et le nid de la démocratie,
comme l'écrivent les chroniqueurs militaires avec
passion et partialité, mais parce que, avec un élément nouveau et des cadres d'instructeurs con-
scients et compétents, dans des casernes séparées
d'où serait écartée la sévérité du supérieur et où la
discipline serait rationalisée, on éduquerait ces
masses en leur inculquant les devoirs qu'elles ont
à accomplir dans la vie en qualité d'êtres raison-
nables et de citoyens. C'est ce qu'a pensé le légis-
lateur en consignant, dans l'article 44 de la loi, ce
qui suit : « Durant la période d'instruction, les
« jeunes soldats recevront spécialement des leçons
« d'instruction primaire, conformément à ce prin-
« cipe général que le bienfait du service militaire
« obligatoire consiste, en grande partie, en ce qu'il
« n'y ait plus de soldats qui soient encore illettrés
« à la fin de leur service. »

Il reste à appliquer l'article de la loi, et à l'appliquer aux Indiens des plaines orientales en se basant
non sur des théories abstraites ou d'ordre général,
mais sur le caractère de ces demi-sauvages, le
degré de leur intelligence et l'état plus ou moins
arriéré de leurs connaissances. Suivent les consi-

dérations sur la discipline militaire qui doit être le fondement de cette institution, mais qui, jusqu'à maintenant, a été mal comprise et très mal appliquée à l'Équateur, ce qui a dressé une barrière infranchissable entre le militarisme et le « civilisme ». Puis, viennent les deux paragraphes suivants :

« Le peuple équatorien est le produit d'une race guerrière autochtone et d'une autre non moins belliqueuse, rêveuse et romantique ; avec l'émotivité qui la caractérise, il s'élance témérairement sur le terrain de la justice. En ce qui concerne l'Indien, l'observation démontre qu'il a une grande facilité d'assimilation intellectuelle et physique à la caserne ; donc, à défaut d'écoles, le gouvernement doit établir des centres spéciaux de préparation militaire.

« En Europe, après l'armistice, on se mit à faire une propagande pacifiste en invoquant des idées socialistes, probablement par esprit de réaction contre la terrible guerre qui venait de finir, et comme, ici, nous sommes impressionnables de tempérament et avons la manie de l'imitation, nous voulons transplanter en Amérique tout ce qui est de mode en Europe[1], sans consulter la

1. En l'aggravant et en la poussant jusqu'aux dernières limites du grotesque lorsque la mode, littéraire ou politique, est mauvaise, comme nous venons de le voir par des citations du pério-

nature de l'institution ni celle du milieu où on prétend l'implanter, sans se soucier de savoir si ce courant, quel que soit son caractère, est d'accord avec les besoins du peuple. Et si les pacifistes européens veulent abolir complètement le militarisme, le temps se chargera de les détromper... Toute lutte présuppose une préparation et des armes, et la lutte socialiste, la plus acharnée et la plus longue qu'aura à soutenir le prolétariat contre le capitalisme, nécessite de meilleurs moyens d'attaque et de défense... »

Seconde raison de militariser l'Équateur :

« La nécessité du service militaire obligatoire à l'Équateur, étudié du second point de vue qui est celui de la défense nationale, est indiscutable

dique bolcheviste qui a pris le sous-titre d'*Atlantida*. Il y a, actuellement, dans l'Amérique latine, un certain nombre d'écrivains qui sont tombés littérairement dans une frénésie apocalyptique ou dans un gâtisme complet ; leurs élucubrations les feraient la risée des communistes français et même des bolchevistes moscovistes si ceux-ci les lisaient. Quelques-uns se sont imaginé que l'Amérique du Sud a une mission à remplir : sauver l'Europe par une alliance intellectuelle avec la Russie soviétique! L'un d'eux, dans une conférence, après avoir vomi des injures contre l'Europe (mais non contre la Russie et l'Allemagne qui représentent pour lui l'Europe saine dont il faut transporter les idées en Amérique) et particulièrement contre la France qui « a décapité son Génie avec la hache de la réaction », s'est écrié :

« Bénissons cette heure où la liberté proscrite d'Europe s'est réfugiée dans le cœur et les Peuples d'Amérique.

... « Les caravelles de la Reconquête Spirituelle sont ancrées et fou serait l'Équatorien qui nierait l'existence de cette nécessité où est la nation de se préparer pour la prochaine guerre. Oui, messieurs, pour la prochaine guerre, et il n'y a pas de quoi s'effaroucher : nous sommes en une période critique où il convient de parler à voix claire et haute jusqu'à ce que nous soyons entendus des sceptiques et du gouvernement — lequel est le premier sceptique lorsqu'il s'agit d'un danger et le premier optimiste lorsqu'on parle d'américanisme ou de règlement à l'amiable des affaires pendantes. Je suppose que quand on jouit des bénéfices du pouvoir, la présence de causes perturbatrices doit être un terrible

dans nos ports, attendant les Argonautes de la Mentalité qui partiront pour la Libération des Peuples Latins d'Europe, aujourd'hui pénitents et esclaves.

...« C'est aux Penseurs, aux Écrivains, aux Artistes de notre Amérique qu'incombe cette tâche.

« Faisons savoir au Monde que le Verbe est plus puissant que l'Épée ;

« Que les Conquérants par l'Idée savent vaincre et humilier les Conquérants par la Force ; .

« Et que le Verbe vainc l'alfange ;

« Et l'Amérique, non seulement possède la Liberté, mais encore est possible de la donner :

« Par la Parole,

« Par la Strophe,

« Et par le Livre,

« Et sauver l'Europe Latine qui agonise, esclave et dégradée, sous le fouet cruel de la Barbarie. »

Cette conférence fut vociférée en séance solennelle de l'Académie nationale cubaine et publiée dans les *Annales* de cette Académie.

cauchemar, et c'est pourquoi à travers tout un siècle on n'est pas parvenu à mettre fin à une vieille controverse. »

Il s'agit du litige des frontières entre le Pérou et l'Équateur. Sur ce sujet, les jeunes gens de l'Université rejoignent leurs petits camarades du collège de Riobamba. M. Santamaria fait un historique des relations du Pérou avec l'Équateur dans lesquelles celui-ci a toujours été, dit-il, la victime de celui-là, dans la guerre comme dans la paix ; par suite de trahisons et de manigances malhonnêtes, les arbitrages même ont été défavorables à Quito dont le bon droit est indéniable. Assez d'arbitrages, silence aux diplomates américains et étrangers ! s'écrie le juvénile rédacteur d'*Atlantida*. Que la parole soit rendue au canon !

« L'histoire du désastre diplomatique de l'Équateur au sujet de son litige de frontières est écrite avec des larmes et l'époque n'est pas lointaine où nous aurons à l'écrire avec du sang, car jamais, que je sache, on n'a revendiqué des territoires captifs au profil de la plume, mais à la pointe de l'épée et au son du canon. La République naquit à la chaleur des armes et c'est à la chaleur des armes qu'elle revendiquera ses droits de nation autonome ou disparaîtra de la carte.

« Les arsenaux sont vides ; les fusils peu nombreux qui se trouvent entre les mains de l'armée

sont inutilisables ; ...l'unique chemin de fer stratégique en construction avance à pas de tortue ;
...les autorités orientales, une fois internées dans
les forêts, perdent la notion de la patrie et, par
manque de moyens de communications et de
secours, se voient forcées d'établir des relations
commerciales avec l'ennemi... Il y a des Équatoriens qui proclament la République de l'Amazone
et d'autres qui prétendent éditer de gros volumes
de propagande péruvienne... Il y a de grands inter-
nationalistes qui qualifient de « triomphe de la
justice » un traité qui nous a dépouillés de 155 426
kilomètres carrés de territoire oriental lequel
n'avait jamais été disputé ; et, pour compléter le
tableau de la misère nationale, la militarisation
du pays est à peine à l'état d'ébauche et son implan-
tation définitive est problématique.

« Certains esprits timorés censureront cette
franchise sans comprendre que le Pérou connaît
la situation de l'Équateur dans ses moindres détails
au point de vue militaire, économique, politique
et topographique. Il est tenu de déchirer le voile ;
la jeunesse doit entreprendre l'œuvre de régénération, nettoyer le chemin de cailloux, renverser
les idoles, dissoudre les conciliabules d'hommes
d'une fausse élite, enfin, peser les valeurs sociales
cultivées dans le laboratoire du civisme et formées
à l'école d'une ample liberté. »

Ce n'est pas seulement par le Pérou que l'Équateur a été dépouillé, dit encore M. Santamaria, mais aussi par ses autres voisins : « C'est avec raison qu'on a comparé l'Équateur à la Pologne ; sa polonisation est commencée depuis longtemps ; le Pérou par le sud-est, la Colombie par le nord-est, le Brésil par l'est, et peut-être le jour n'est pas loin où l'on s'emparera de notre groupe d'îles du Pacifique, et avec cela la polonisation serait complète. »

— N'avais-je pas raison, dis-je au général, de croire que ce faible mais pathétique Équateur est au nombre des protagonistes d'un ou de plusieurs des cent aspects de la question du Pacifique et qu'il peut être entraîné dans un formidable conflit entre les États-Unis et le Japon?

Mangin a écouté ma lecture sans l'interrompre une seule fois, mais j'ai vu à son visage avec quel intérêt passionné il la suivait. Lorsque j'ai terminé, il reste une demi-minute sans rien répondre ; puis :

— A Lima, dit-il, au cours d'un banquet officiel, un Péruvien exalté eut l'inconvenance ou l'inconscience de proférer devant moi un violent discours contre le Chili[1]. Est-ce que si j'étais allé

1. « La salle a été envahie par de nombreux spectateurs; ils joignent leurs acclamations à celles des convives qui, debout, crient : « Vive la France ! » Un orateur péruvien s'avance alors

à Guayaquil et à Quito, ce M. Santamaria, ou un autre étudiant de la « Fédération », aurait fait devant moi une sortie aussi violente contre le Pérou que celle du Péruvien contre le Chili? Cela m'aurait mis deux affaires sur les bras. Car les Chiliens, influencés peut-être par cet incident dans lequel je n'avais pas la moindre responsabilité, se sont mis à éplucher le chapitre que j'ai consacré à la question du Pacifique et ont cru que j'avais manifesté plus ou moins explicitement une sympathie particulière pour la cause du Pérou. Comme si j'avais pu commettre une pareille incorrection alors que j'étais revêtu d'une haute fonction officielle auprès des deux peuples! Enfin, on s'est expliqué franchement, et il ne reste aucune trace

au milieu des tables et prononce un discours d'une éloquence entraînante; il salue l'aurore des temps nouveaux, l'ère qui s'ouvre des justes réparations; il évoque la guerre du Pacifique, où le Chili a mutilé la Patrie péruvienne : l'imprescriptible droit ne sera satisfait que quand Tacna et Arica seront rendues au Pérou, comme l'Alsace et la Lorraine ont été rendues à la France, répète-t-il aux applaudissements de ses compatriotes. Il est temps de lever la séance, et je demande à notre ministre de vouloir bien indiquer aux organisateurs de cette belle réunion la réserve que mes fonctions m'imposent; je suis reçu au Pérou comme ambassadeur de France et, après avoir déposé cette qualité, j'irai au Chili saluer officiellement la nation voisine, et il serait de la dernière inconvenance que je parusse me mêler à une contestation qui dure depuis près de quarante ans entre les deux peuples. Nos amis Péruviens me comprennent très bien et s'emploient à limiter les inconvénients de cette manifestation en obtenant le silence de la presse. » (*Autour du Continent latin avec le « Jules-Michelet »*, p. 93.)

de malentendu... A mon retour d'Amérique, j'étais
persuadé qu'une nouvelle guerre devait éclater
fatalement entre le Pérou et le Chili. Leur entente
pour soumettre le litige à l'arbitrage des États-
Unis m'avait rendu optimiste[1]; mais voici que je
retourne à mon pessimisme antérieur. N'oublions
pas que la Bolivie a présenté vainement ses récla-
mations à Genève. Et l'Équateur où des jeunes
gens, des enfants même, l'élite de demain, prennent déjà feu... C'est égal! j'aurais aimé monter

1. « Le problème du Pacifique (conflit entre le Pérou et le
Chili) n'a pas été résolu par les Congrès pan-américains de
Washington, de Mexico, de Rio de Janeiro et de Buenos-Aires,
qui avaient sensiblement le même but que la Conférence de
Genève; la question restait posée, et il est heureux pour l'Amérique latine que le Pérou et le Chili consentent enfin à soumettre leur litige à la République des États-Unis, donnant ainsi
un bel exemple à l'Ancien Monde. Les illusions se dissipent qui
voyaient dans le pacte des Nations le règne du droit absolu et la
revision de tous les anciens procès; mais c'est pourtant un spectacle consolant que de voir cet effort vers la justice qui fait dis-
paraître une cause flagrante de guerre. »

« P. S. — Le Sénat chilien n'avait voté le protocole d'arbitrage qu'avec des réserves; mais la Chambre des députés l'avait
admis sans restriction, et le Congrès, décidant en dernier ressort,
a ratifié le vote de la Chambre. Les signatures seront donc
échangées incessamment à Washington et les négociations pour
le traité définitif pourront commencer aussitôt. Le conflit du
Pacifique paraît donc toucher enfin à son terme. » (Autour du
Continent latin avec le « Jules-Michelet », p. 184.)

Jamais le danger de guerre entre le Chili et le Pérou n'a été
aussi grand que depuis que le président des États-Unis a rendu
sa sentence arbitrale !

MANGIN.   6

jusqu'à Quito, ne fût-ce qu'à cause du projet d'éducation des Indiens par la caserne.

— Sans avoir besoin de faire le voyage, vous
pourriez vous documenter sur cette question auprès
de Gonzalo Zaldumbide, ministre plénipotentiaire
de l'Équateur à Paris. Le connaissez-vous ?

— Je l'ai rencontré une fois dans une soirée officielle où nous avons été présentés l'un à l'autre,
mais je n'ai pu échanger que quelques mots avec lui.
Je sais que c'est un des diplomates les plus remarquables de l'Amérique latine, qui en a d'excellents
à Paris, et qu'il est très estimé dans tous les milieux,
y compris celui des lettres, car il est un des meilleurs écrivains du Nouveau Monde... Oui, j'ai-
merais m'entretenir avec lui. J'espère qu'une prochaine rencontre sera plus favorable à une longue
conversation... Mais, à propos, j'ai un vague souvenir que vous avez été en polémique avec lui...

— Vous appelez cela une polémique ? Il m'a
couronné de fleurs ! J'avais écrit dans notre revue
(car il y collabore aussi) que le Vénézuéla fut la
première en date des Républiques hispano-américaines ; par ce mot, j'entendais, et je l'expliquais,
une République vraiment républicaine, démocratique, conforme aux sacrosaints et immortels principes de notre première à nous. Et j'avais raison.
Lui, justement fier des gloires de son pays, revendi-
qua pour Quito l'honneur d'avoir devancé Caracas

dans la voie de l'indépendance. Et il avait raison
aussi. Relisez sa lettre si, en feuilletant la revue,
elle vous passe de nouveau sous les yeux, et vous
verrez : quel esprit charmant, et avec quelle fine
courtoisie il rédige, en français, une rectification
historique, une riposte[1] !

1. Voici la lettre que G. Zaldumbide adressa, à cette occasion,
à Charles Lesca, directeur de la *Revue de l'Amérique latine* ; j'en
retranche les premières phrases vraiment trop aimables :

« ...M. Marius André ne voudra pas laisser supposer, à cause
d'un simple oubli et d'une omission purement apparente, qu'il
ignore un point important de l'histoire américaine. Il s'agit de
la révolution de Quito qui réalisa, en 1809, le premier essai
réussi et complet d'indépendance. Ce point, M. André le connaît
si bien qu'il en a parlé excellemment dans un ouvrage antérieur
où il le caractérise joliment d'un trait juste en l'appelant une
révolution en dentelles, en raison du caractère aristocratique de
ses promoteurs. Si, au moment de donner un titre à un des premiers chapitres de son nouvel ouvrage, concernant la révolution
de Caracas de 1810, il l'a intitulé : « La Vie éphémère de la
« *première République sud-américaine* », c'est que, emporté par
son sujet, il a perdu momentanément de vue une autre vraie
première république, un peu moins éphémère celle-là, et bien
antérieure, puisqu'elle a duré en somme de 1809, où elle fut
proclamée dans les formes, jusqu'à 1812, où elle fut anéantie
matériellement, ayant eu entre temps son gouvernement, son
armée, ses martyrs, comme elle avait eu ses précurseurs.
M. Marius André, je le sais pertinemment, la connaissait depuis
longtemps par le récit, entre autres, de ce curieux Stevenson
qu'il a su lire mieux que personne et dont il nous parlera un
jour ou l'autre. Je ne viens donc pas donner une leçon de faits
à cet investigateur qui en donne de bonnes aux maîtres. Je viens
seulement lui fournir une occasion de mettre lui-même en
lumière une partie de l'histoire qu'il a laissée involontairement
dans l'ombre. Aussi je vous prie de lui faire part de la cordiale
invitation que je lui adresse, et je vous remercie par avance
tous deux.   « G. ZALDUMBIDE. »

A la suite de cette lettre, la *Revue de l'Amérique latine* publia cette réponse :

« Mon cher Zaldumbide,

« Je connais l'histoire de la révolution libératrice de Quito puisque, comme vous avez l'amabilité de le rappeler, j'en ai parlé dans un petit livre paru récemment. Je l'ai qualifiée de *révolution en dentelles* non seulement « en raison du caractère aristocratique de ses promoteurs », mais encore parce que ceux-ci mirent à chasser les autorités espagnoles et à prendre leur place une élégance et une courtoisie parfaites. Ces pères de l'Équateur, ces patriotes, étaient des gens exquis, des civilisés nés pour commander. Quito est indépendante, en fait, le 10 août 1809. C'est une république, si vous voulez, mais on n'ose pas prononcer, ni surtout écrire officiellement le nom. *République* est pourtant un bien beau mot : il est d'usage courant aux siècles antérieurs ; je me souviens, par exemple, d'avoir lu aux Archives des Indes un document du dix-huitième siècle émanant du « Procureur de la République de Panama ». Mais, à la fin du même siècle, ce mot fut détourné de son sens et on commit, à Paris, sous son couvert, de telles atrocités qu'il inspira partout, et principalement en Amérique du Sud, des craintes et même une véritable répulsion.

« C'est pourquoi les Vénézuéliens eux-mêmes n'en veulent pas. Leur révolution est du 19 avril 1810. Vous avez donc raison de réclamer, sur ce point, la priorité en faveur de votre pays. Les liens avec la Couronne de Castille subsistent nominalement ; ils sont brisés et l'indépendance complète est proclamée le 5 juillet 1811. Caracas est en république, mais on passe quelque temps avant d'oser écrire le mot alors si impopulaire. Le Vénézuéla est, en date, la première république sud-américaine vraiment républicaine et démocratique ; elle fut, dès ses débuts, la seule à l'instar de Paris. On croyait à la religion des Droits de l'homme et à tous les oripeaux sanglants de la Démocratie. Si vous me faites l'honneur de suivre mon *Bolivar*, vous verrez comment le Libérateur — qui était un patricien civilisé comme vos ancêtres de Quito — va essayer, malheureusement sans succès, de débarrasser son pays de ces calamités.

« Bien cordialement vôtre, mon cher ami.

« Marius ANDRÉ. »

V

Dans le récit de sa mission *Autour du Continent
latin avec le « Jules-Michelet »*, le général Mangin
fait un parallèle entre Bolivar et San Martin qui
me parut inspiré, soit par un Argentin résidant à
Paris qui l'aurait aidé à se documenter avant son
départ pour l'Amérique, soit — ce qui reviendrait,
d'ailleurs, au même — par la lecture de l'œuvre
d'un historien argentin qui pourrait être Bartolomé Mitre. Voici cette page, qui a suscité bien des
commentaires dans la presse hispano-américaine :

« Le Nord du continent latin a été délivré par
Bolivar, qui rencontra San Martin à Guayaquil
pour discuter avec lui les destinées du Nouveau
Monde. Les deux chefs ont les mêmes qualités
d'action, les mêmes talents militaires, le même
patriotisme américain ; mais tandis que San Martin
recevait une rude formation militaire, Bolivar n'a
parcouru l'Europe de la Révolution que pour y

chercher des leçons et des exemples politiques. Bolivár a tous les défauts en même temps que toutes les qualités du créole ; actif et tenace, généreux et brave, comme San Martin, il est violent, grandiloquent et sensuel, tandis que San Martin est calme, silencieux et stoïque. Deux tempéraments essentiellement différents se rencontrent. En outre, Bolivar est républicain en principe, et occasionnellement césarien à son profit ; il tend vers une unité de toute l'Amérique latine et, en attendant, impose la même Constitution à toutes les républiques qu'il fonde, préparant ainsi leur réunion : c'est la conception colombienne. San Martin est monarchiste et voudrait rendre possible l'établissement d'une dynastie étrangère, avec une Constitution se rapprochant des institutions britanniques, et il n'a aucune ambition personnelle ; il pense que chacun des nouveaux États doit vivre sa vie en toute indépendance, les interventions entre eux restant tout à fait exceptionnelles : c'est la conception argentine. En politique intérieure comme en organisation, toutes leurs idées se combattent.

« L'unité d'action politique et de commandement militaire s'imposait et, puisque les deux chefs ne pouvaient opérer simultanément, il fallait que l'un d'eux se retirât. Entre le général, pour qui la politique n'était qu'un moyen d'obtenir le

résultat voulu par son gouvernement, et le politique pour qui la guerre n'était qu'un moyen
d'organiser le Nouveau Monde selon ses vues personnelles, la contestation ne pouvait être longtemps douteuse. D'ailleurs, le but de San Martin
était atteint, car la domination espagnole était
frappée à mort, et l'abnégation de son caractère
pouvait s'effacer devant Bolivar, tandis que la
réciprocité était impossible. Stoïque, San Martin
rentra donc à Buenos-Aires, accueilli en triom-
phateur, couvert de lauriers et porté aux plus
hautes charges de l'État; il hésita devant les
moyens nécessaires pour se maintenir. Il démis-
sionna et partit pour le Chili, puis pour l'Europe.

« C'est seulement en 1824 que Bolivar et son
lieutenant Sucre, par les victoires de Junin et
d'Ayacucho, achevèrent l'œuvre de San Martin. »

Dans une chronique de la *Revue de l'Amérique
latine*, je publiai la critique suivante de ces appréciations :

« Ce parallèle est évidemment une apologie de
San Martin au détriment de Bolivar; bien qu'ils
aient tous deux « les mêmes talents militaires », le
général Mangin fait du premier un grand homme
de guerre au service de sa patrie et de son gouvernement, tandis que le second serait surtout un
homme politique. San Martin a reçu une rude formation militaire : c'est exact; il a d'abord étudié

l'art de la guerre dans une grande école spéciale militaire, puis il a servi en Espagne dans la lutte contre les armées de Napoléon. Mais Bolivar n'a pas parcouru l'Europe pour y chercher des leçons de politique; pendant le séjour qu'il fit à Paris et à Vienne, dans sa jeunesse, il n'eut d'autre souci que de se divertir en gentilhomme fastueux. Plus tard, il prend part à la guerre pour l'Indépendance et, au bout de quelques années, il se révèle le plus grand homme de guerre de l'Amérique. Il n'a pas passé par une école spéciale, mais il a du génie.

« Il est regrettable qu'aucun technicien français connaissant le castillan ne se soit adonné à l'étude des campagnes de Bolivar au point de vue stratégique. Il serait forcément arrivé à cette conclusion que Bolivar est un des plus hauts génies militaires de l'histoire du monde, qu'il est de la famille des César et des Napoléon.

« Certes, Bolivar est « violent, grandiloquent et « sensuel », mais si j'avais l'honneur de connaître le général Mangin, je lui montrerais, en lui traduisant des pages d'O'Leary (par exemple, le récit du passage des Andes), un Bolivar « calme, silencieux et stoïque » — stoïque au delà des forces humaines, stoïque comme ses soldats vénézuéliens et colombiens qui le suivirent jusqu'au bout.

« Bolivar est un génie militaire, mais aussi un génie politique. Il n'impose pas sa Constitution aux Républiques qu'il fonde ; celles-ci l'adoptent avec enthousiasme. mais elle n'est pas appliquée ; les démagogues la démolissent presque aussitôt.

« Il fut ambitieux. Il en avait le droit et le devoir, puisque son ambition était de sauver l'Amérique de l'anarchie. Il pensait, comme San Martin, que « chaque État doit vivre sa vie en « toute indépendance », mais il voulait constituer, au nord de l'Amérique méridionale, un grand État qui fît contrepoids à la puissance naissante et déjà dangereuse des États-Unis. Il voulait une fédération des Républiques hispano-américaines. Tout le monde est d'accord, aujourd'hui, en Amérique pour regretter son échec. Tous les patriotes de l'Amérique latine aspirent, de plus en plus, à la réalisation de ses projets.

« Le général Mangin croit que San Martin a atteint son but lorsqu'il se retire après l'entrevue de Guayaquil. Le but était si peu atteint que le Pérou retombe sous la domination espagnole. Les documents de l'époque, tant espagnols qu'américains, montrent que la situation était désespérée. San Martin déclare dans une lettre que, seul, le génie de Bolivar peut sauver le Pérou, c'est-à-dire toute l'Amérique du Sud.

« Nous pourrions relever quelques autres petites erreurs qui font tache au milieu de pages remarquables. Nous aurons peut-être l'occasion d'y revenir quand l'ouvrage aura paru en volume. Le général Mangin les doit aux maîtres de l'enseignement officiel. Puisse-t-il les leur rendre et ne plus s'en servir ! »

Comme je l'ai déjà dit, après notre rencontre chez le commandant Droin où nous ne pûmes échanger que quelques phrases sur cette question, j'écrivis une lettre au général Mangin qui m'avait manifesté le désir d'en causer plus longuement avec moi. Il m'adressa alors cette réponse :

« ...Vous pensez bien que j'ai lu beaucoup à bord du *Jules-Michelet*, entre mes escales, et encore plus au retour en écrivant mes souvenirs. Votre livre[1] m'a beaucoup servi, presque autant que celui du Péruvien F. Garcia-Calkéron, *les Démocraties de l'Amérique latine*. Et vous reconnaissez que je n'ai tenu aucun compte de nos manuels universitaires que j'ai, pourtant, parcourus (il y a surtout un certain Dehérain, dont vous ne parlez pas et qui dépasse tous les autres), et que j'ai mis au point les nombreux volumes et opuscules que les autres gouvernements m'ont remis en cours de route, à titre de propagande. La *Vie de San Martin*, par le général Mitre, en deux volumes, est fortement documentée.

1. *La fin de l'empire espagnol d'Amérique.*

« Enfin, Prescott dit sur les Incas tout ce qu'on en doit savoir.

« Chemin faisant, j'ai appris à lire un peu l'espagnol ; je pourrai donc compléter ma documentation sur Bolivar, et je vous demande de m'indiquer les ouvrages qui me permettront de le faire à la fin de l'année, car j'ai du pain sur la planche d'ici là. J'avoue que je connais mieux San Martin et que ma comparaison entre les deux s'en ressent, mais je n'ai pas échappé à la nécessité. Toutefois, nous ne différons que de bien peu à son sujet, sans que je le place aussi haut que vous le faites comme chef de guerre, faute de documents sans doute. Mais j'ai été forcément très bref et le ton du récit ne laissait place à aucune discussion. Je ne pouvais expliquer que je prenais la moyenne entre Mitre, l'Argentin martiniste, et Garcia-Caldéron, le Péruvien bolivariste. Ce dernier, toutefois, *place San Martin au-dessus de Bolivar comme guerrier* et très au-dessous comme politique. Il nous montre Bolivar parcourant l'Europe avec un sage Mentor et jurant sur le *Forum* de se consacrer à l'indépendance de sa patrie.

« Merci, encore une fois, cher Monsieur, de vos utiles contradictions... »

Je ne m'étais pas trompé : le général Mangin est sous l'influence de Mitre. Il a eu le courage et la conscience de lire, dans son texte espagnol,

puisqu'il n'en existe pas de traduction, le grand
ouvrage de ce dernier ; mais il ignorait qu'il existe
une querelle Bolivar-San Martin entre historiens,
lettrés et patriotes Vénézuéliens et Argentins sur
le point de savoir lequel des deux Libérateurs est
le plus grand, chacun des deux camps tenant,
naturellement, pour son héros national. Il n'a
entendu que le son de cloche du Rio de la Plata.
Eût-il eu quelque écho de cette polémique, il n'aurait pas eu, avant son départ pour l'Amérique ni
entre ses escales, le temps de faire une étude
approfondie de la question. Au reste, ce n'est pas
pour préparer des études d'histoire que le gouvernement l'avait envoyé en ambassade au Nouveau Monde. Et l'objet principal de sa mission
était de prendre part aux fêtes péruviennes en
l'honneur de San Martin.

J'ai souligné, dans sa lettre, une ligne qui m'a
fait sursauter. Comment ! Francisco Garcia-Caldéron aurait placé San Martin au-dessus de Bolivar
comme guerrier ! Il me semble bien que non. Pour
m'en assurer, je prends le livre et relis les pages
qui sont consacrées aux deux Libérateurs. En
voici quelques paragraphes où l'auteur exprime
son opinion sur le plus haut génie de l'Amérique
entière. Le général Mangin, en pleine connaissance de cause, ne tardera pas longtemps à s'y
rallier :

« *Bolivar est le plus grand des Libérateurs américains.* Il dépasse les uns en ambition, les autres
en héroïsme, et tous en activité multiforme, en
don prophétique, en empire. Il fut, au milieu de
glorieux généraux et de caudillos ennemis, le
héros de Carlyle, « source de lumière, d'intime et
« native originalité, virilité, noblesse et héroïsme,
« au contact de laquelle toutes les âmes se sentent
« dans leur élément... » Son génie est aussi riche,
aussi divers que celui de Napoléon.

« Homme d'État et général, Bolivar est encore
plus grand dans les congrès que sur les champs
de bataille. Égal à San Martin et à Sucre comme
tacticien, il est, comme politicien, supérieur à
tous les caudillos...

« Il fut le génie de la Révolution américaine. Il
se sentait dominé par le « démon de la guerre ».
Comme toutes les grandes âmes tourmentées,
depuis Socrate, il obéissait dans ses impétueuses
campagnes à une divinité intérieure. Dans ses
actes et dans ses discours, dans sa dignité et dans
sa foi, il y a une remarquable grandeur. Il tra-
vaille pour l'éternité, accumulant rêves et uto-
pies, dominant la terre hostile et les hommes
frondeurs : il est le surhomme de Nietzsche, le
personnage représentatif d'Emerson. Il appartient à l'idéale famille de Napoléon et de César ;
sublime créateur de nations, *plus grand que*

San Martin, plus grand que Washington. »

Comment donc le général a-t-il pu, dans la lettre qu'il m'a écrite, attribuer une opinion différente à l'auteur des *Démocraties de l'Amérique latine ?* La lecture de cet ouvrage datant peut-être de plus d'un an a pu se confondre dans son esprit, au moment où il m'écrivait et, en ce qui concerne les paragraphes que je viens de transcrire, avec le souvenir d'une autre ; confusion d'autant plus explicable qu'en un laps de temps relativement court il a lu, ou tout au moins parcouru, plus de cinquante volumes de tous genres sur l'Amérique du Sud.

*
* *

Après avoir relu ces paragraphes devant moi, Mangin reconnaît, avec bonne humeur, qu'il a fait une confusion, — laquelle, d'ailleurs, n'a pas d'importance dans une lettre privée.

— Par votre article, me dit-il, et par quelques autres que j'ai reçus ensuite d'Amérique, j'ai appris qu'il existe une querelle San Martin-Bolivar. Je ne m'en serais jamais douté ; et je ne pensais pas qu'en écrivant ce parallèle, je susciterais des polémiques et des répliques de la part des admirateurs fervents de Bolivar au nombre desquels vous êtes......

— Permettez-moi de vous faire remarquer, mon

général, que le parti pris national et le préjugé patriotique n'y sont pour rien, puisque je suis Français. D'autre part, j'ai consacré la plus grande partie de mes loisirs, pendant plus de dix ans, à étudier l'histoire de l'Amérique du Sud et principalement la période de ses guerres de l'Indépendance, non seulement sans aucune idée préconçue. mais encore, au début, je ne pensais même pas à écrire des livres sur ce vaste sujet.

— Je le sais, et c'est pour cela, sans compter d'autres motifs, que j'ai tenu compte de vos contradictions avant même d'avoir réuni une documentation qui me permît d'en vérifier l'exactitude. Il y a donc une querelle entre Vénézuéliens, Colombiens et, si je ne me trompe, Équatoriens et Boliviens, d'une part, et Argentins, d'autre part. Avec mon parallèle j'ai apporté ma petite pierre à l'édifice de ces derniers.

— C'est très grave.

— Très grave, en effet : je m'en suis aperçu à l'émotion que j'ai soulevée. Et dire qu'en écrivant cette page je ne me doutais même pas que je ne faisais que suivre l'exemple de plus de cent Américains qui ont déjà écrit des parallèles, les uns antimartinistes, les autres antibolivaristes ! Cela me fait penser aux *Vies* parallèles de Plutarque où ce sont les Romains qui écoppent. Parce que Plutarque était Grec. N'étant, comme vous, ni

Grec ni Romain en cette affaire, c'est-à-dire ni
Vénézuélien ni Argentin, je ne mets aucun amour-
propre patriotique à persévérer dans mon opinion
première si j'ai la preuve qu'elle est erronée. Or,
je suis déjà un peu ébranlé par des lectures que
je viens de faire. Il y a des points qui sont, dès
maintenant, hors de doute. Il est évident, par
exemple, que c'est contre le Vénézuéla, c'est-à-dire
contre l'armée de Bolivar, que le gouvernement
espagnol porta les plus grands des efforts qu'il
put faire, envoya le plus de troupes métropoli-
taines et son meilleur général. C'est aussi au Vénézuéla que se rendirent et s'engagèrent dans l'armée
bolivarienne tant de jeunes officiers et soldats
anglais et irlandais poussés par l'amour de la
gloire, de l'aventure guerrière, de la liberté des
peuples opprimés, par la générosité, par le patriotisme, c'est-à-dire par le désir de servir leur pays
en contribuant à détruire, dans le Nouveau Monde,
la puissance de l'Espagne, sa vieille ennemie. On
n'a rien vu de pareil dans le sud de l'Amérique
méridionale. Aucun chef d'armée illustre, aucune
armée importante ne sont envoyés d'Espagne au
Rio de la Plata ; aucune légion britannique n'est
recrutée ni équipée avec l'appui ou, tout au moins,
le consentement tacite du gouvernement anglais,
pour combattre les généraux qui vont fonder la
République argentine. Bien caractéristique est le

secret qu'on garda, en Espagne, sur les buts de
l'armée de Morillo ; on fit croire au peuple et aux
troupes embarquées que l'expédition partait pour
Buenos-Aires ; ce n'est qu'en pleine mer que les
officiers apprirent qu'ils allaient faire la guerre
contre Bolivar et ses terribles cavaliers des pampas
vénézuéliennes. Il est certain que, dès cette
époque, Bolivar, qui n'avait pas encore donné
toute la mesure de son génie, était le principal,
sinon le seul objet des préoccupations et des
craintes de l'Espagne.

— Avant même l'année 1820, on ne parlait que
de lui en Europe, pour l'exécrer en Espagne,
pour l'admirer et le glorifier en Angleterre et en
France. C'est comme si les généraux des provinces
de la Plata n'existent pas ; on ignore même leurs
noms. Si ces enthousiasmes et ces colères n'étaient
pas justifiés, on pourrait croire que le magnétisme
qui se dégageait de la personne de Bolivar —
comparable en cela, comme en d'autres choses, à
Napoléon — agissait à distance par delà l'Océan.

— L'opinion publique se trompe souvent : il y
a tant de moyens de l'égarer ! Mais en ce qui touche
à l'admiration enthousiaste dont Bolivar a été
l'objet de la part des foules, aussi bien en Europe
qu'en Amérique, il n'y a eu ni erreur, ni ce que
nous appelons aujourd'hui bourrage de crâne.
Cette admiration, on la trouve chez les officiers

britanniques et irlandais, gentilshommes probes et techniciens remarquables dans l'art de la guerre, qui servaient sous ses ordres la cause de l'Indépendance sud-américaine; chez les hommes d'État et les parlementaires anglais bien renseignés par ceux-ci; chez notre Louis XVIII, non moins bien renseigné; chez ses ennemis mêmes; chez le plus illustre et le plus redoutable de tous, le général Morillo. Et, à ce propos : en lisant le récit de l'entrevue du chef espagnol vaincu avec le chef américain vainqueur, j'ai été frappé d'une chose. Ils s'étaient fait une guerre sans merci, farouche et, pourrait-on dire, sauvage, une guerre qui va durer quelques années encore. Eh bien ! pendant la journée qu'ils passèrent ensemble pour arrêter définitivement les conditions d'un armistice, il y eut d'abord entre eux une parfaite courtoisie qui n'était pas le fait d'une politesse protocolaire ou mondaine, puis une franche cordialité et, enfin, une véritable amitié dont les principaux éléments étaient une estime et une admiration mutuelles, les mêmes conceptions de l'honneur militaire et de l'honneur tout court, et aussi du devoir, bien que deux devoirs, également respectables, fussent ici en présence et en lutte. On eût dit deux grands seigneurs d'ancien régime...

— Un seul, Bolivar, était grand seigneur par le sang. Toute l'aristocratie espagnole battait dans ses veines. Sa famille était déjà illustre au moyen âge et, si j'en crois mon ami Valle-Inclan qui a étudié sa généalogie, il y a, dans son ascendance, une princesse persane. Morillo était d'une famille de pauvres paysans. Or, c'est le patricien qui se révolte et fonde des républiques, et c'est le fils de laboureurs qui, après avoir été, en Europe, l'un des vainqueurs de Napoléon, va défendre, en Amérique, la cause de son roi.

— Est-ce que cela vous étonne ?

— Oh ! pas du tout.

— Il en est presque toujours ainsi un peu partout. A Rome, la royauté fut abolie par les aristocrates ; plus tard, beaucoup plus tard, le peuple prit sa revanche en faisant des Césars. Il serait un peu trop simpliste, peut-être, d'affirmer que l'histoire de la formation de la patrie française est celle de la lutte entre la noblesse d'une part, le roi et le peuple de l'autre. Et pourtant... Bon ! voilà que, partis de San Martin, de Bolivar et du Nouveau Monde, nous allons aboutir, dans notre conversation à bâtons rompus, aux nobles et aux gens de lettres qui préparèrent la Révolution française, et aux paysans français vendéens !

— Aux mêmes nobles Français guillotinés par les révolutionnaires qui mirent en pratique les théories dont les salons aristocratiques avaient fait leurs délices. Et cela nous ramènerait à la noblesse américaine, vénézuélienne surtout, victime de la révolution qu'elle avait déchaînée.

— Revenons au génie militaire de Bolivar.

— Quel beau titre pour un livre qui n'a encore été écrit, en Amérique, que par fragments !

— Ce sujet m'intéresse beaucoup, il me passionne par instants, maintenant que je complète la lecture de *Bartolomé Mitre* par celle de quelques autres ouvrages.

Le général Mangin pose la main sur quelques livres empilés sur un coin de la table. Il y a la *Vie de San Martin*, par Mitre, et, au-dessus, un recueil de morceaux choisis : proclamations militaires et discours politiques de Bolivar, et les deux volumes de la *Biographie du Libérateur*, par Daniel F. O'Leary.

Le dernier de ces ouvrages suffit à donner une idée complète et juste du génie politique et militaire de Bolivar. Quand il aura achevé de le lire, si ce n'est déjà fait, Mangin, avec la connaissance qu'il a de son métier et son sens critique si profond, rectifiera les préventions contre le Libérateur qu'il tenait de l'historien argentin. Je crois même, d'après ce qu'il vient de me dire, que c'est déjà fait. Oui, nous voilà d'accord, et sur la solide base qu'est le travail consciencieux du général irlandais ; c'est par lui que j'ai commencé mes études bolivariennes et je ne cesse de m'y reporter depuis.

Je vais l'interroger sur ces nouvelles lectures, mais nous sommes interrompus par un jeune officier d'état-major annoncé et introduit par Baba Coulibaly, l'ordonnance soudanaise de Mangin. L'officier remet une grande enveloppe d'aspect officiel à son chef qui l'invite à s'asseoir. Devant une question urgente qui sollicite l'attention du membre du Conseil supérieur de la guerre, les ombres héroïques de Bolivar, de San Martin et d'O'Leary s'évanouissent. Aussi, à peine la présentation est-elle faite que je me retire.

.... Baba Coulibaly ! Soldat de la Grande Guerre, bon serviteur de Mangin qui ne pouvait se passer de vous et que vous avez accompagné dans sa mission en Amérique, je veux, puisque votre nom est venu sous ma plume, transcrire ici les lignes que le général-ambassadeur vous a consacrées dans le récit de cette mission :

« La presse, très sérieuse et très bien renseignée (du Chili), publie des détails circonstanciés sur la carrière de chacun d'entre nous : c'est une occasion de rappeler l'histoire de la Grande Guerre. Il n'est pas jusqu'à Baba, mon ordonnance soudanaise, qui ne devienne un personnage d'actualité ; au sujet de notre voyage on lui prête les impressions les plus curieuses, mais on ne prête qu'aux riches. De fait, Baba, qui a appris à lire et à écrire pendant la guerre, est un observateur fort judicieux, et dans ce pays, qui voit bien rarement des hommes de sa race, il est une vivante réclame pour nos troupes noires. Ses faits et gestes remplissent la presse...

« ... A Aréquipa je retrouve mon fidèle noir Baba Coulibaly, mon ordonnance soudanaise, qui me suit depuis seize ans et qu'une menace de rupture d'anévrisme m'a empêché d'emmener dans la montagne. Il a galopé dans les environs et demandé l'hospitalité dans les villages indiens; Baba, qui a beaucoup voyagé, a trouvé les hommes hospitaliers, polis et assez travailleurs; il dit que les femmes sont chastes, et c'est un hommage assez rare dans sa bouche. Mais il est scandalisé par la saleté générale : « Ces gens-là ne se lavent jamais, même s'il y a de l'eau pour se baigner quatre fois par jour, même au bord de la rivière. »

Baba Coulibaly, un siècle avant vous, des troupes de soldats nègres ont galopé dans ces pays de montagnes où les hommes sont hospitaliers et polis, et les femmes trop chastes à votre goût de Soudanais sensuel. Ils venaient des plaines du Vénézuéla faire la guerre pour l'indépendance et pour la République. Ils avaient suivi le général Bolivar qui les aimait, comme vous suivez le général Mangin qui vous aime. Puis, ils se laissèrent séduire par des avocats, des écrivains, des fous et des niais qui fabriquaient des Constitutions et leur promettaient

la lune et les étoiles. Et ils firent beaucoup de mal.
Que Dieu leur pardonne! Aujourd'hui, en 1924
comme en 1825, il y a des marchands d'un orvié-
tan qui, loin de guérir une maladie, en donne
d'autres dont les peuples peuvent mourir. Ne les
écoutez point, Baba Coulibaly! Les Constitutions
parfaites sur le papier, les Droits de l'Homme et le
Contrat social, ce n'est pas bon pour les nègres. Ni
pour les blancs.

VI.

L'amicale entrevue de deux chefs ennemis. — Qu'est-ce qu'un ambassadeur? — M. Simón Barceló, ambassadeur de Bolivar. — La puissance argentine et la gloire vénézuélienne.

Sur la table du général Mangin, les *Mémoires* d'O'Leary écrasent la *Vie de San Martin* par Bartolomé Mitre. Et sans doute aussi dans son esprit. Il a certainement lu cette biographie de Bolivar par l'officier irlandais de la légion britannique, du moins en connaît-il des chapitres importants. Il a lu le récit des préliminaires de l'armistice de 1820 et du traité de régularisation de la guerre au cours des négociations desquels Bolivar cesse d'être pour les ennemis un « rebelle », un « insurgé » qu'on aurait fusillé si on avait mis la main sur lui, et est qualifié officiellement par eux de « président de la République de Colombie ». C'est également dans ces négociations que Bolivar, qu'on croit parvenu au sommet de sa gloire, mais qui n'y est pas encore, puisqu'il va monter plus haut, parle à l'Espagne au nom de l'Amérique : il est et restera

le seul à qui son génie militaire et politique con-
fère le droit et l'honneur d'être le porte-parole
d'un Continent. Ce sont ces négociations qui se
terminèrent par l'entrevue des deux généralis-
simes dont Mangin vient de me parler. Rentré
chez moi, je relis le bref récit qu'en a fait O'Leary,
témoin actif de l'événement :

« ... On choisit pour lieu de l'entrevue le pauvre
hameau de Santa-Ana, qui se trouvait à égale distance des deux campements. Le matin du
27 novembre, le général Morillo se présenta à
l'endroit indiqué, avec une escorte composée d'un
escadron de hussards et accompagné d'une cinquantaine d'officiers de haut rang, parmi lesquels
le général La Torre. Un instant après j'allai annoncer au général Morillo que le Libérateur était en
chemin et ne tarderait pas à arriver. Le général
me demanda de quelle escorte était suivi le chef de
la République ; je lui répondis qu'il n'était suivi
que de dix ou douze officiers et des négociateurs
royalistes.

« Bien ! me répondit Morillo, je croyais que ma
garde était trop petite pour m'aventurer jusqu'ici ;
mais mon ancien ennemi m'a vaincu en générosité.
Je vais donner l'ordre aux hussards de se retirer. »
Il le fit immédiatement. Il me demanda ensuite
quels étaient les officiers espagnols particulièrement odieux au Président, et lorsque je lui

eus répondu, il observa qu'aucun d'eux n'était présent.

« Peu après, on aperçut la suite du Libérateur sur la colline qui domine le hameau de Santa-Ana. Morillo, La Torre et les principaux officiers allèrent à sa rencontre. Le général espagnol était en grand uniforme, avec ses décorations militaires et les autres insignes reçus du souverain pour ses services. Lorsque les deux cortèges se furent rapprochés, Morillo voulut savoir lequel était Bolivar. Je le lui montrai : « Comment ! s'exclama-t-il, cet homme petit, avec une tunique bleue, un bonnet de campagne, et monté sur une mule ? » A peine avait-il prononcé cette phrase que le petit homme était à son côté ; aussitôt les deux généraux mirent pied à terre et s'embrassèrent cordialement. Après ces salutations, on se rendit dans la maison la plus confortable du hameau où le général Morillo avait fait préparer un banquet très simple en l'honneur de son hôte illustre.

« Dans le courant de la journée et pendant le repas, on parla joyeusement des événements de la guerre. Des sentiments de noble générosité furent le thème des conversations de cette journée si mémorable dans les annales de la Colombie. Les principaux personnages donnèrent l'exemple d'une mutuelle tolérance ; Bolivar semblait pardonner la regrettable fidélité qui avait privé la patrie d'un

si grand nombre de ses fils les plus distingués[1], et
Morillo, avec autant de tact, respecta la politique
rigoureuse adoptée par son rival pour ·assurer
l'indépendance de la Colombie.

« Chacun admira la constance de son adversaire
à vaincre les obstacles accumulés contre lui, car il
semblait que les hommes et la nature se fussent
acharnés à contrarier leurs desseins. Des deux côtés
on conçut l'espérance qu'aucun incident malheureux ne les obligerait à recommencer les hostilités[2].
Bolivar voulut qu'en cas de doute sur quelque point
du traité, la question fût soumise à l'arbitrage de
commissaires nommés à cet effet, et il dit que, pour
sa part, il choisissait d'avance le général Correa,
Espagnol de naissance, homme d'honneur et
juste.

« Le général Morillo proposa l'érection d'un
monument à l'endroit même où il avait embrassé
son rival, pour rappeler aux générations futures la
sincérité avec laquelle les belligérants, représentés
par leurs chefs respectifs, avaient, dès le premier
moment de calme, relégué dans l'oubli leurs
ressentiments personnels et l'antipathie nationale.

---

1. Car la guerre de l'Indépendance hispano-américaine fut une
guerre civile entre Américains, comme on le verra dans un des
entretiens suivants.

2. L'incident se produisit et la guerre recommença. Morillo
laissa le commandement de l'armée espagnole à La Torre et
s'embarqua pour l'Espagne.

Cette idée généreuse fut accueillie avec plaisir par Bolivar et, immédiatement, les officiers patriotes et les royalistes mirent la main à l'œuvre; unissant leurs efforts, ils poussèrent un gros bloc de pierre carré jusqu'à l'endroit désigné pour qu'il servît de base à la colonne proposée. Sur cette pierre, les chefs, qui, pendant tant d'années, s'étaient combattus avec acharnement, renouvelèrent leurs vœux ardents de concorde et d'humanité, La nuit mit fin aux réjouissances de la journée, mais ne sépara pas les généraux rivaux. Sous le même toit et dans la même chambre, Bolivar et Morillo dormirent profondément, prenant peut-être leur revanche des nombreuses nuits de veille qu'ils s'étaient mutuellement imposées.

« Le lendemain, Morillo accompagna le Libérateur jusqu'à l'endroit où ils s'étaient rencontrés la première fois en amis. Là, ils prirent congé l'un de l'autre et se séparèrent pour toujours. La pierre brute existe toujours au lieu même où eux et leurs officiers la placèrent en mémoire de cette entrevue. »

Je suppose qu'au cours de cette lecture une comparaison est venue spontanément à l'esprit de Mangin entre cette journée d'armistice hispano-américain de 1820 et celle de l'armistice franco-allemand de 1918. Quelque temps après, je lui pose la question.

— En effet, me répond-il, j'y ai pensé.
Voyez-vous le maréchal Hindenburg demandant
une entrevue au maréchal Foch, les deux chefs
passant une journée ensemble, faisant assaut de
courtoisie, s'embrassant avec effusion, devenant, à
table, d'excellents amis ; et surtout les voyez-vous
couchés dans la même chambre d'une maison-
nette de village et causant avec une franche cama-
raderie et une mutuelle admiration avant de s'en-
dormir ?

— Pourtant, cette guerre d'Amérique fut aussi
atroce, acharnée que la nôtre. Et il y avait entre
l'Espagnol et l'Américain des motifs beaucoup
plus graves de haine qu'entre le Français et l'Allemand. Chacun de ceux-ci luttait pour sa patrie, ce
qui est parfaitement honorable et respectable.
Bolivar voulait fonder une patrie. C'est héroïque,
admirable aux yeux de la postérité. Mais, de son
vivant, et aux yeux des Espagnols, il était un
rebelle, un traître, et si Morillo l'avait fait prison-
nier sur le champ de bataille, il aurait eu le droit
de le faire fusiller.

— Bolivar, qui instaure un régime nouveau en
Amérique du Sud, est, par ses ancêtres, sa famille
et son éducation, un homme d'ancien régime.
Morillo aussi, bien que fils de paysans, est un des
plus beaux rejetons du vieil arbre hispanique ; il
appartient à l'aristocratie naturelle de la race, du

sol. Ils étaient faits pour s'estimer et même s'aimer l'un l'autre, tout en se combattant. Il y a eu, depuis plus de cent ans, des modifications profondes dans les relations entre les individus et les peuples ; et la comparaison n'est pas en faveur de notre époque. Rappelez-vous, par exemple, que lorsque Corneille fit représenter *le Cid*, qui est une exaltation de l'honneur castillan, la France était en guerre contre l'Espagne...

*
* *

Nous reprenons la conversation interrompue l'autre jour ; Mangin, qui paraît avoir quelque chose de particulièrement intéressant à me dire, emploie, pour m'y amener, la méthode socratique par interrogations.

— Mon cher ami, me dit-il, vous qui êtes de la Carrière, voulez-vous me dire ce que c'est qu'un ambassadeur ?

— Vous le savez mieux que moi, puisque vous l'avez été.

— Oh !... par hasard, et avec une seule mission d'une durée déterminée et très courte.

— Un ambassadeur.... Mais vous ne me ferez pas croire que vous l'ignorez ; pourquoi donc me le demandez-vous ? Un ambassadeur est le représentant du gouvernement de son pays auprès de celui d'un pays étranger.

— Son rôle se borne-t-il, comme le mien, à assister à des fêtes officielles, civiles, militaires, religieuses, à distribuer des décorations et à en recevoir, à écouter des toasts et à en porter ?

— Vous plaisantez, mon général ? Vous savez bien que même vous — ou surtout vous — délégué spécialement pour représenter la France aux fêtes du Centenaire de l'Indépendance péruvienne, vous avez fait autre chose.

— Ne parlons pas de moi, mais, d'une manière générale, de ce que sont ou doivent être les agents diplomatiques et consulaires, de leurs devoirs et de leurs attributions.

— Ils représentent donc leur gouvernement, leur pays et même leurs compatriotes pris individuellement lorsqu'il y a lieu de prendre la défense de leurs intérêts. A l'égard des Français résidant à l'étranger, nos consuls ont les pouvoirs et les devoirs qui incombent, dans la métropole, aux préfets, aux maires, à l'Inscription maritime, etc., et même aux notaires. Auprès du gouvernement étranger, ambassadeurs et consuls ont des attributions politiques et économiques. Pour tout dire, en quelques mots, ils sont les représentants et les défenseurs des intérêts de leur nation. Mais, encore une fois, où voulez-vous en venir en me demandant ce que vous n'ignorez point ?

— Est-ce des intérêts présents ou futurs qu'il s'agit ?

— Des deux sortes. Au reste, futur est un mot bien vague. Quand commence le futur ? Dans une heure vous irez déjeuner : c'est le futur. Un traité d'alliance en vue d'une guerre possible peut être mis à exécution huit jours après la signature ; il peut ne l'être jamais.

Je suis de plus en plus étonné de ce que le général me demande et de ce qu'il me fait dire ; mais il poursuit et insiste pour que je réponde :

— Intérêts matériels ou moraux ?

— Les deux.

— Dans le présent et dans le futur ; la question que je vous ai posée à ce sujet a dû vous paraître d'une naïveté, et même d'une absurdité qui dépasse les bornes. Et le passé ? Oh ! ne me répondez pas : « Le moment où je parle est déjà loin de moi. » Je fais allusion à un passé très lointain, à la France de Louis XIV, par exemple, et même à celle des Croisades. Nos ambassadeurs de l'an 1924 représentent-ils, ou, plutôt, devraient-ils représenter cette France du passé, c'est-à-dire toute la France, et la défendre ?

— Oui, ils le devraient. Je commence à comprendre, mon général, où vous voulez me conduire en donnant au début de cet entretien une allure platonicienne.

— Pas tout à fait encore. Nous sommes à une étape. Je vous conduis en Amérique, au pays de Bolivar ; nous y serons bientôt. Nous musons au cours de notre route, mais sans nous en détourner. Les intérêts matériels d'un pays, ceux de son commerce et de son industrie, son expansion économique dans le monde ne dépendent-ils pas de nombreuses causes ?

— Évidemment. La question est très complexe et l'on ne peut y répondre par un seul mot ni par deux. La puissance militaire d'une nation est, en temps de paix, un des éléments de sa prospérité et de son influence économique sur les autres.

— Cette puissance militaire est dans le présent, dans la période où nous vivons, et nous ne savons pas si elle sera de longue durée. Il y a un autre élément qui est fait de beaucoup plus de passé que de présent : c'est le rôle qu'a joué un peuple dans l'histoire de la civilisation et le prestige qu'il en retire aux yeux des autres, prestige qui accompagne ses commerçants, ses industriels, ses professeurs, ses explorateurs et même la force de ses soldats, comme on l'a vu pendant la grande Guerre. Ce sont ses littérateurs et ses artistes, ses philosophes, ses savants, ses inventeurs, ses législateurs, ses grands politiques, ses grands chefs d'État, ses grands chefs religieux, ses saints. Ce sont tous les bienfaits dont les autres pays lui sont redevables. C'est son histoire, c'est son rayonnement intellectuel et moral, c'est ce qui fait, par exemple, que, sous la domination anglaise, l'Égypte reste attachée à la France et le Canada reste français. Personne n'oserait soutenir que notre expansion économique dans le monde est complètement indépendante de notre puissance spirituelle.

— C'est certain. Le malheur est qu'on ne l'utilise pas suffisamment.

— Le malheur a plusieurs formes. Si un glorieux passé, si les ancêtres auxquels nous devons d'être ce que nous sommes sont haïs, diffamés par des Français qu'aveuglent des passions politiques et religieuses, par des Français ennemis de leur patrie, des sectaires inhumains...

— Et si le régime est basé sur cette haine et cette diffamation...

— Comment voulez-vous qu'un ambassadeur soit vraiment le représentant de la personne morale et vivante qu'est la France, qu'il veille à ce qu'elle ne soit pas offensée et que ses gloires les plus pures soient respectées partout ?

— Vous voudriez donc que nos agents diplomatiques et consulaires eussent un tel souci du prestige de la France dans son passé qu'ils avisassent aux moyens de le défendre lorsque, à l'étranger, on tenterait, par le journal, le livre ou la tribune, d'avilir ou seulement de diminuer une de ses gloires : saint Louis, Colbert, Richelieu, Louis XIV, Corneille, Bossuet, Turenne ; je cite au hasard.

— Oui, je le voudrais ; et vous aussi.

— Certainement. Mais est-ce possible ? Partout règne la liberté de parler et d'imprimer, surtout en ce qui touche l'histoire des siècles passés. Même si la loi du pays où il est en mission lui en donnait la possibilité, je ne vois pas notre ambassadeur requérant son application contre un insulteur de Jeanne d'Arc ou du plus grand de nos rois ; je ne le vois pas non plus, lui ou un de ses collaborateurs, engageant une polémique de presse sur un sujet historique, avec un journaliste, un historien ou un orateur étranger.

— Ce serait absurde, et ne servirait à rien. Il y a d'autres moyens qui varient selon les circonstances, le sujet qui est en cause, les pays et les personnes. Quand on a pour soi la force de la vérité on réussit toujours auprès des gens de bonne foi et de bonne éducation, si l'on met au service de cette vérité l'intelligence, la courtoisie et l'ingéniosité. Connaissez-vous M. Simón Barceló, ministre plénipotentiaire du Vénézuéla ?

— C'est un de mes amis.

— Il me semble que je viens de changer brusquement de sujet de conversation. Non. Depuis que vous êtes entré, dans toutes mes questions et réflexions sur la mission d'un ambassadeur, je n'ai fait que tourner autour de la querelle de Bolivar et de San Martin et d'une intervention de M. Barceló dans le débat. Je vous avais promis de vous conduire en Amérique. Nous y sommes. Donc, le ministre vénézuélien a été choqué par mon parallèle entre les deux Libérateurs sud-américains. Comme je vous l'ai déjà dit, l'émotion soulevée par les quatre ou cinq pages de mon livre m'a d'autant plus surpris que je n'avais eu nullement l'intention de dénigrer Bolivar que j'admirais, même quand je ne le voyais qu'à travers les lunettes de Mitre. Je lui donnais la seconde place dans le panthéon des grands hommes de l'Amérique...

— Et il mérite la première.

— Je commence à le croire. Je suis en pleine étude de la question. M. Barceló aurait pu faire un article dans un journal ou une revue pour réfuter mes erreurs, ou en suggérer un à quelque journaliste. Il a préféré m'écrire une lettre personnelle et non destinée à la publicité, très courtoise et même trop flatteuse. Il me parle de l'admiration et de la reconnaissance des peuples de l'Amérique

du Sud à mon égard, du prestige tout particulier
dont je jouis chez eux. Mais passons. Si je vous
résume le début en quelques mots, c'est que M. Barceló ajoute qu'à cause même de ce prestige mon
appréciation a produit une certaine émotion dans
les cinq Républiques que Bolivar a délivrées ou
fondées. Circonstance aggravante : je ne suis pas
un journaliste, un littérateur dont on peut négliger
les opinions en matière de campagnes militaires,
mais, dit-il, un grand stratège, comme Bolivar,
un technicien de l'art de la guerre. Mon erreur,
d'après lui, provient d'une documentation forcément insuffisante; il y a en Amérique des questions historiques si nombreuses et si compliquées
et sur lesquelles tant de livres, dont la plupart
superficiels ou faux, ont été écrits que je n'ai pu
encore les approfondir. Surtout celles qui prêtent
à des controverses, si je n'ai écouté qu'un son de
cloche. M. Barceló a supposé, comme vous, que je
n'ai lu que Mitre ou un autre historien argentin.
Puis, il me fait un parallèle entre Bolivar et San
Martin qui, bien que rapidement esquissé, contient
quelques arguments frappants : « On a très bien
« fait, me dit-il, par exemple (et Mangin prend la
« lettre sur sa table, m'en lit un paragraphe et me
« la remet pour que je la lise toute), de fêter, en
« 1921, le centenaire de la proclamation de l'Indé-
« pendance du Pérou par San Martin; le général

« argentin méritait cet hommage. Mais proclamer
« qu'on est indépendant et l'être effectivement, ce
« sont deux choses différentes. Si vous voulez bien
« lire le détail de cet épisode de notre histoire,
« même dans un auteur argentin, vous verrez
« qu'au moment de l'entrevue de Guayaquil et de
« la démission de San Martin, l'indépendance est
« loin d'être un fait acquis. Les Espagnols rede-
« viennent les maîtres du pays ; il faut reprendre
« la lutte pour l'émancipation et dans des condi-
« tions pires qu'au début. Tout le monde déses-
« père, excepté Bolivar. San Martin même déclare
« que seul Bolivar peut sauver le Pérou, c'est-à-dire
« réaliser l'indépendance, et lui rend un hom-
« mage public dans le journal officiel de Buenos
« Aires. Des deux généraux, qui est le plus grand ?
« Celui qui, au milieu des pires désastres, est
« obligé de laisser une œuvre inachevée et com-
« promise et s'embarque pour l'Europe, ou celui
« qui, ayant déjà délivré du joug de l'Espagne
« tout le nord du continent, reprend ce que le
« premier laisse à continuer ou plutôt à refaire,
« fait du Pérou un État indépendant et, en même
« temps, consolide, assure définitivement l'indé-
« pendance de toute l'Amérique espagnole ? »
M. Barceló me donne quelques arguments que
vous m'avez déjà présentés, et d'autres. C'est ingénieux, habile...

— Et juste.

— Habile et juste ; j'ai fini par le reconnaître après avoir bien pesé le pour et le contre. Enfin, le ministre du Vénézuéla, en vue des études que je me propose d'écrire sur l'Amérique, prend la liberté, me dit-il, de me recommander la lecture des *Mémoires* d'O'Leary et il m'envoie les deux premiers volumes, ceux qui contiennent la biographie de Bolivar, afin de m'éviter la peine d'aller les lire à la Bibliothèque nationale.

— J'avais l'intention de mettre mon exemplaire à votre disposition dès que vous en aurez besoin.

— M. Barceló vous a devancé. Ce diplomate a agi en ambassadeur spirituel de son pays. Il a conscience de représenter auprès du gouvernement de notre République non seulement le gouvernement actuel du sien, mais aussi la personne morale de sa nation dans son passé héroïque, le fondateur de cette nation, celui qui, à lui seul, suffirait pour illustrer un peuple. Il a fait entrer dans ses attributions professionnelles la défense et l'exaltation du Libérateur. Avoir toujours présent à l'esprit l'intérêt du pays lorsqu'on discute sur les stipulations d'un traité de commerce avec un État étranger, c'est très bien. Ambassadeur de Bolivar, c'est magnifique. D'autant plus que ceci n'empêche pas cela : bien au contraire. Un ambassadeur doit une grande partie de son prestige à celui de sa nation ; le reste à sa valeur personnelle. L'intérêt matériel est étroitement lié à l'intérêt spirituel.

— Cela ne m'étonne point de la part de M. Barceló, qui est un diplomate intelligent, lettré et
patriote. Il mérite le titre d'ambassadeur de Bolivar
que vous venez de lui donner.

— Quelques jours après la réception de sa lettre
et des deux volumes d'O'Leary, je l'ai rencontré
dans une soirée officielle et nous avons causé un
bon moment. Il a cru devoir s'excuser de m'avoir
écrit pour me contredire, et je l'ai remercié de
l'avoir fait. Il m'a dit des choses très intéressantes
et donné quelques indications que j'utiliserai. Je
l'ai questionné sur la querelle Bolivar-San Martin,
c'est-à-dire sur la polémique entre Argentins et
Vénézuéliens. Il m'a répondu en ornant, de temps
en temps, ses propos d'une pointe d'humour que
je ne puis reproduire, quoique je m'en souvienne
bien. En substance, il m'a dit ceci : « On ne peut
tout avoir. Or, les Argentins veulent tout : ce
n'est pas juste. Ils sont flattés quand on les
appelle les yanquis du Sud, et ils méritent mieux
que cela, car tout en justifiant ce surnom, ils n'en
restent pas moins, à beaucoup de points de vue,
de bons Latins, c'est-à-dire qu'ils sont plus artistes
et plus lettrés que les Anglo-Saxons du Nouveau
Monde. Je ne nourris aucune animosité contre

eux. Ce sont des frères et leur querelle historique
avec les Vénézuéliens est une affaire de famille qui
finira par se régler, avec le temps, par le triomphe
de la vérité. L'Argentine est le premier État de
l'Amérique espagnole par sa prospérité agricole,
industrielle et commerciale ; sa capitale est la ville
la plus peuplée de tout le monde latin, après
Paris. La prospérité ne fait que grandir ; le présent, qui est très beau, est la promesse d'un avenir
splendide. Le Vénézuéla n'a ni l'étendue, ni la
population, ni la prospérité matérielle, ni la puissance de la grande République du Rio de la Plata.
Il n'a pas attiré, comme les pays du sud, une
affluence extraordinaire d'immigrants. Or, sur le
continent américain, de la Patagonie jusqu'au
Canada, la question du peuplement est tout. Que
seraient les États-Unis si les Européens ne s'y
étaient installés en masses, par un afflux incessant
depuis un siècle et demi ? Pourtant, le sol et le
sous-sol du Vénézuéla sont d'une richesse qui
n'est pas moindre. On commence à y venir. Une
ère de prospérité économique a commencé il y a
une quinzaine d'années et nous avons le ferme
espoir qu'elle ne sera pas interrompue. Notre
monnaie est une des plus saines du monde : elle
fait prime sur le dollar. Pendant tout le dix-neuvième siècle, notre évolution a été retardée par des
troubles révolutionnaires et des coups d'État trop

nombreux. Mais cette situation avait d'autres causes profondes (qui, d'ailleurs, sont pour quelque chose dans les révolutions) et dont les historiens superficiels ne parlent pas. Notre nation a été l'héroïne et la martyre de la cause de l'indépendance sud-américaine. Le Vénézuéla est sorti de la longue période de guerres que vous savez, ruiné, dévasté, dépeuplé. Un tiers, peut-être la moitié de la population a péri. Presque toute l'élite intellectuelle et morale du pays est morte sur les champs de bataille ; les survivants étaient réduits à la misère. Mais nos soldats, suivis de ceux de la Colombie et de l'Équateur, qui ont formé avec le Vénézuéla la grande République bolivarienne, ont délivré l'Amérique de la domination espagnole. Jusqu'au coup final porté à Ayacucho par l'armée de Bolivar commandée par Antonio-José de Sucre, rien n'était encore assuré. Au moment où San Martin quittait l'Amérique pour un exil volontaire et confortable, les « actes d'indépendance » de toutes nos Républiques n'étaient que des feuilles de papier dont quelques-unes avaient été déchirées plusieurs fois par l'épée de l'Espagnol vainqueur. Les souffrances et les ruines de l'Argentine, ses pertes de population, ses sacrifices sont peu de chose en comparaison des nôtres. Et c'est tant mieux pour elle ! Il en est de même de ses efforts militaires et des résultats obtenus. San Martin n'a

même pas fait la guerre sur son territoire, tandis
que l'Espagne s'acharnait contre nous seuls, contre
Bolivar, sur notre propre sol. C'est pourquoi
l'Argentine devrait, d'accord avec l'histoire impartiale, laisser au Vénézuéla la gloire d'avoir donné
le jour au Libérateur de l'Amérique espagnole, à
son plus haut génie militaire et politique. Nous
avons payé cette gloire assez cher pour qu'on ne
nous la marchande pas. » Tels sont, mon cher
ami, fidèlement résumés, les propos que me tint
M. Simón Barceló, non tout d'une traite, mais au
fil d'une conversation à laquelle prirent part un
Colombien et un Équatorien, dont je n'ai pas
retenu les noms, et qui l'approuvèrent pleinement.

— Que n'y avait-il aussi un Argentin !

— J'ai bien regretté qu'il n'y en eût pas un ; la
contradiction restant, comme je n'en doute point,
sur le terrain d'une estime réciproque et de la
courtoisie, la joute aurait été fort intéressante.
Quant à moi, trop récemment introduit dans le
débat, je ne trouvais rien à répliquer au ministre
vénézuélien. Le lendemain, je me mis à la lecture
d'O'Leary.

— Et vos premières impressions, mon général...

— Bolivar a eu une chance inouïe : celle de
rencontrer un officier étranger, honnête homme et
bon militaire, qui devient un de ses aides de camp,
le suit partout, se bat à ses côtés, collectionne tous

les documents civils et militaires de l'époque qui peuvent servir à écrire l'histoire et l'écrit avec une telle probité intellectuelle que son œuvre est inattaquable.

— On a les historiens qu'on mérite.

— Mais on a eu le tort de ne publier des deux premiers volumes des *Memorias*, c'est-à-dire de la biographie de Bolivar, que la traduction espagnole faite par le fils d'O'Leary. On aurait dû faire en même temps une édition du texte anglais ; il est à souhaiter que le manuscrit de l'original soit retrouvé.

— Il n'est pas perdu.

— Alors, on finira bien par l'imprimer ; cette publication s'impose.

VII

Le passage des Andes raconté par l'Irlandais O'Leary. — Bolivar, les « llaneros », les volontaires britanniques et la lutte contre les horreurs de la nature. — Le droit au pillage. — La force noire.

Vers le milieu de l'année 1819, Bolivar, qui a remporté de sérieux avantages sur l'armée de Morillo, — l'armée composée de soldats espagnols la plus importante et la plus redoutable qu'il y avait alors, et qu'il y ait jamais eu en Amérique, — conçoit le projet fantastique d'aller conquérir la Nouvelle-Grenade, qui est encore tout entière sous la domination espagnole : fantastique, irréalisable, car il faut passer la formidable barrière des Andes, que tout le monde croit infranchissable, surtout pour une armée, dans la saison des pluies quotidiennes et torrentielles, qui est précisément celle qu'il a choisie pour effectuer cette opération, afin de surprendre et de foudroyer l'ennemi, lequel ne l'attend certainement pas. Ses soldats, les magnifiques et farouches *llaneros*, qui savent que rien n'est irréalisable pour eux avec un chef comme le Libérateur, le suivent. Et il est suivi aussi de volontaires anglais et irlandais récemment arrivés au Vénézuéla et auxquels Bolivar inspire déjà une admiration enthousiaste et une confiance sans borne; parmi eux est Daniel O'Leary, son aide de camp et futur historien. Des femmes même — car beaucoup de femmes vénézuéliennes avaient coutume d'accompagner leurs maris à la guerre — sont tentées par la belle aventure et partent. Avant même d'arriver au pied de la barrière de montagnes, ces héros et ces héroïnes vont marcher, pendant plusieurs semaines, sous la pluie dans des plaines inondées. Voici quelques pages du récit qu'O'Leary a fait de l'ascension et de la descente :

« Les Andes gigantesques, qui étaient considérées comme infranchissables en cette saison, semblaient opposer une barrière insurmontable à la marche de l'armée... Les *llaneros* contemplaient avec un étonnement mêlé d'effroi ces vertigineuses hauteurs ; ils ne pouvaient s'imaginer qu'il existât un pays si différent du leur. A mesure qu'ils escaladaient, et à chaque montagne qu'ils passaient, leur surprise ne cessait de croître ; car ce qu'ils avaient cru le sommet ultime n'était que le commencement d'un autre, et d'autres encore plus élevés, de l'extrémité desquels on apercevait encore des montagnes dont les cimes paraissaient se perdre dans les brumes éthérées du firmament. Des hommes accoutumés en leurs pampas à traverser des fleuves impétueux, à dompter des chevaux sauvages, à vaincre corps à corps le taureau furieux, le crocodile et le tigre, étaient intimidés à l'aspect de cette nature étrange. Désespérant de vaincre de si extraordinaires difficultés, et leurs chevaux étant morts de fatigue, ils se persuadaient que, seuls, des fous pouvaient persévérer dans une pareille entreprise à travers des climats dont la température engourdissait leurs sens et gelait leurs corps. Aussi y eut-il de nombreuses désertions.

« Les mulets qui portaient les munitions et les armes tombaient sous le poids de leur charge. Peu de chevaux survécurent après cinq jours de marche, et ceux de la division d'avant-garde qui mouraient obstruaient le chemin et augmentaient les difficultés pour les troupes de l'arrière. Il pleuvait nuit et jour incessamment et le froid devenait plus intense à mesure que l'on s'élevait. L'eau froide, à laquelle on n'était pas accoutumé, provoqua la dysenterie.

« Les incidents se multipliaient et semblaient se conjurer pour détruire les espoirs de Bolivar, qui était le seul qu'on vît rester ferme au milieu de contretemps tels que le moindre aurait suffi pour décourager une âme moins grande. Il rani-

mait les troupes par sa présence et son exemple ;
il leur parlait de la gloire qui les attendait et de
l'abondance qui régnait dans le pays qu'ils allaient
délivrer. Les soldats étaient heureux de l'entendre
et ils redoublaient d'efforts. Le 27 juin, l'avant-
garde dispersa une force royaliste de trois cents
hommes avantageusement postés en face de Paya,
village de la Cordillère. Cette formidable position
aurait pu fermer le passage à l'armée.

« ... En beaucoup d'endroits le chemin était
complètement obstrué par des rocs immenses, par
des arbres abattus et par des éboulements produits
par des pluies continuelles qui rendaient la
marche glissante et périlleuse. Les soldats qui
avaient reçu des rations de viande crue pour
quatre jours les jetaient pour ne se soucier que de
leurs fusils, car les difficultés qui se présentaient
pour la montée étaient plus que suffisantes, même
en allant libres de toute charge. Les quelques
chevaux qui avaient vécu jusqu'alors périrent ce
jour-là.

« L'armée arriva très tard dans la nuit au pied
de la Pisba et y campa. Nuit horrible que celle où
il fut impossible de se réchauffer, car il n'y avait
dans tous les environs aucun abri, aucune habita-
tion, et la pluie constante accompagnée de grêle et
d'un vent glacial qui ne cessait de souffler, étei-
gnait les feux qu'on essayait de faire sur le sol

SIMON BOLIVAR

aussitôt qu'on les avait allumés. Comme les soldats
étaient presque nus et que la plupart étaient
originaires des plaines brûlées du Vénézuéla, il
est plus facile de concevoir que de décrire leurs
cruelles souffrances. Le jour suivant, les troupes
traversèrent le plateau, désert, lugubre, inhospita-
lier, dépourvu de toute végétation à cause de sa
hauteur. L'effet de l'air glacial et pénétrant fut
fatal, ce jour-là, pour beaucoup de soldats ; ils tombaient pendant la marche, brusquement malades,
et expiraient au bout de quelques instants. On
employa avec succès la flagellation pour ranimer
ceux dont le corps était gelé...

« Pendant la marche de cette journée, mon
attention fut attirée par un groupe de soldats qui
s'étaient arrêtés près d'un endroit où j'étais assis,
brisé de fatigue. Les voyant très affairés, je
demandai à l'un d'eux ce qui se passait. Il me
répondit que la femme d'un soldat du bataillon
Riffle était prise des douleurs de l'enfantement.
Au matin suivant, je vis la même femme, avec le
nouveau-né dans ses bras, paraissant en bonne
santé et marchant à l'arrière-garde du bataillon.
Après l'accouchement, elle avait marché deux
lieues par un des plus mauvais chemins de ce
terrain escarpé.

« ... Le 6 juillet, la division d'Anzoategui parvint à Socha, premier village de la province de

Tunja ; l'avant-garde l'y avait précédée le jour antérieur. Les soldats, en voyant derrière eux les crêtes élevées des montagnes couvertes de brumes et de nuages, firent spontanément le vœu de vaincre ou de mourir, plutôt que d'entreprendre une retraite par le même chemin, car ils le redoutaient plus que l'ennemi, si formidable que fût celui-ci.

« Mais à mesure que diminuaient les peines du soldat, les soucis et les préoccupations du général ne faisaient que croître. La cavalerie ne possédait plus un seul cheval, et les provisions de guerre gisaient sur les chemins parcourus, parce qu'on avait manqué de mulets pour les transporter. C'est à grand'peine que l'infanterie put garder ses cartouches sèches au milieu des pluies ; la plupart des armes étaient détériorées, et il fallait les nettoyer au plus tôt.

« Les troupes étaient sans vêtements, les hôpitaux remplis, et l'ennemi se trouvait à quelques journées de marche. Mais la grande âme de Bolivar ne pouvait être inquiétée par de telles difficultés. Au contraire, elles ne servaient qu'à le rendre chaque fois plus grand en mettant à l'épreuve son esprit aux ressources inépuisables.

« ... Grande fut la surprise des royalistes en apprenant qu'ils avaient pour hôtesse une armée ennemie ; il leur paraissait incroyable que Bolivar

eût entrepris ces opérations et surmonté des
obstacles si nombreux et si grands en une époque
de l'année où rares étaient les hommes qui s'aven-
turaient à faire les plus courtes excursions... »

La petite armée du Libérateur est réduite de plus
de moitié par la désertion et par la mort. Ceux
qui n'ont pas abandonné le grand chef blanc et
ont résisté aux horreurs de la nature andine en
cette saison sont de terribles hercules presque nus.
L'exemple de la force implacable qui marche dans
les plaines de la Nouvelle-Grenade est contagieux
et entraînant, d'autant plus qu'elle est auréolée de
la jeune gloire de Bolivar. Aussi, à mesure que les
républicains s'avancent, leur troupe se grossit de
volontaires nombreux. Le 7 août, Bolivar rem-
porte la victoire de Boyaca ; le 10, il entre à
Santa-Fé de Bogotá d'où le vice-roi s'était enfui.
Le royaume de la Nouvelle-Grenade perd jusqu'à
son nom pour former, par son union avec le
Vénézuéla, la grande Colombie.

*
* *

Je viens de résumer cette campagne de 1819 et
de citer longuement le récit d'O'Leary, parce que
cet épisode des guerres d'Amérique est un de ceux
qui ont frappé le plus le général Mangin et dont il
m'a parlé le plus chaleureusement.

— Un écrivain de nos amis, mé dit-il, a fait observer très justement que l'Irlandais O'Leary, qui a décrit ce qu'il a vu, sans aucun souci du style ni du pittoresque, a fait de son chapitre du passage des Andes un chef-d'œuvre de littérature militaire et même de littérature tout court. Et cela sans recherche d'effets ni de figures de rhétorique ; et sans points d'exclamation : avez-vous remarqué qu'il n'y en a pas un seul dans tout ce chapitre ?

— Je me demande même s'il y en a plus d'une douzaine dans les deux gros volumes de sa *Biographie de Bolivar*.

— Ce serait à vérifier. Votre remarque complète heureusement la mienne. Un pathétique intense se dégage de cette lecture précisément parce que, si O'Leary est soutenu puis emporté par son sujet et, lorsqu'il écrit, par le souvenir de l'épopée dont il fut l'un des acteurs, il n'en reste pas moins sobre et on pourrait même dire impassible en apparence. Il ne prend point d'attitudes, il ne se met pas en scène ; il ne parle de lui-même qu'une seule fois, en passant, pour relater un fait dont il a été témoin et dont il craint qu'on ne le trouve incroyable. Et encore, c'est pour dire qu'il s'était assis, très fatigué. Figurez-vous un disciple de Victor Hugo ou de Chateaubriand, un romantique, un cabotin, quoi ! prenant part à cette prouesse

avec Bolivar et ses *llaneros*, puis en écrivant le
récit grandiloquent...

— Après avoir lu O'Leary, j'aime mieux ne pas
essayer de me le figurer. Je crois que ce serait
horripilant.

— O'Leary est un classique et c'est d'autant plus
curieux qu'à son époque le romantisme sévissait
partout. Il a sans doute été sauvé de la contagion
par le dédain de la littérature pure. Qui sait, aussi,
si la lecture d'un grand historien de l'antiquité,
comme Thucydide, n'est pas pour quelque chose
dans sa tournure d'esprit ? Quelles qu'aient été les
influences qui ont présidé à sa formation intellectuelle, il a deux qualités des grands classiques de
tous les temps : la sobriété et la pudeur. Ce chapitre est celui qui me fait regretter le plus que
l'original en langue anglaise n'ait pas été publié.
Les Anglais doivent le regretter davantage encore
et deux fois, d'abord au point de vue littéraire,
et puis parce que c'est un honneur pour eux
qu'outre O'Leary et d'autres Irlandais, il y ait eu
aussi des Anglais dans cette expédition.

— Ceux de nos historiens qui affectent le plus
inintelligent des mépris pour les Républiques de
l'Amérique du Sud qualifient d'aventuriers les
soldats et les officiers de la Légion britannique.

— Heureuse Angleterre qui a donné le jour à de
pareils aventuriers ! La France en a eu qui les

égalent. Quels étaient les mobiles de ceux qui coururent se mettre au service de Bolivar ? Nous en avons déjà parlé, je crois : l'amour d'une noble cause, de la liberté des peuples, c'est entendu ; mais aussi, et peut-être surtout, l'amour de leur propre patrie qu'ils servaient en détruisant la puissance espagnole en Amérique. Et l'amour du risque qui a enfanté tant de prodiges sur tous les plans, dans la guerre, la navigation, l'exploration, l'industrie, le commerce, etc. Aujourd'hui, nous dirions aussi : l'amour du sport.

— En fait de sport, les Anglais qui passèrent les Andes avec Bolivar et ses *llaneros* auraient pu se vanter d'avoir battu un fameux record.

— O'Leary n'a même pas cédé à la tentation de consacrer une page ni un paragraphe à ses compatriotes dans cet épisode ; c'eût été pourtant bien légitime. Mais il aurait brisé l'harmonie spirituelle et classique du tableau. Entre Bolivar, quelques-uns de ses officiers, les Anglais et les Irlandais d'une part, et, d'autre part, les *llaneros*, indiens et métis, il y a des différences énormes, des oppositions violentes de race, de couleur de la peau, de culture, de morale même ; il y a trois mille ans de civilisation. Or, il y a entre eux une entente, une union, une communion parfaites. Différences et oppositions se sont effacées, ils appartiennent tous à la même race, à la race des hommes, non

pas qu'ils aient un idéal commun et qu'ils aillent
se battre pour l'émancipation d'un peuple, puisque
les *llaneros* ignorent ce que c'est qu'une nation
et une patrie, mais parce qu'ils sont en lutte contre
les horreurs de la nature et qu'ils ont la même
force de volonté de la vaincre. Ces horreurs sont
telles qu'ils auraient tous rebroussé chemin dès
les premiers jours s'ils n'avaient pas été tous soutenus, exaltés par le génie de Bolivar. Il est le seul
qui ne se décourage pas et, ce qui est le plus étonnant, celui qui résiste le mieux aux souffrances
physiques ; il surpasse ses rudes *llaneros* en endurance, lui le patricien délicat, né et élevé dans le
luxe. C'est ce qui fait que le passage des Andes
par la troupe des combattants de 1819 est non seulement une victoire d'hommes primitifs habitués
à lutter avec les fauves et à franchir les obstacles,
mais aussi — mais surtout puisque sans lui ces
barbares auraient reculé — le triomphe de l'Esprit,
du conquistador, du grand civilisé. C'est un des
plus beaux moments de l'histoire des hommes.

— Bolivar, pour ranimer et entraîner ses soldats, leur parla de la gloire et de « l'abondance
qui régnait dans les pays qu'ils allaient délivrer ».
C'est Bonaparte haranguant les siens et leur montrant les riches plaines de l'Italie.

— Avec cette différence que Bolivar ne pouvait
montrer aux *llaneros* que des gouffres béants, des

pics et des rochers échelonnés sans fin les uns sur les autres et des nuages énormes qui crevaient en cataractes d'eau et de grêle.

— Ne trouvez-vous pas, mon général, qu'après avoir surmonté de pareilles épreuves les *llaneros* avaient le droit de piller les plaines fertiles de la Nouvelle-Grenade, de s'emparer des troupeaux des fermiers qui n'avaient pas couru le risque magnifique ?

— Vous allez un peu fort, mon ami, dit Mangin en souriant. Mettons qu'il y avait des circonstances tellement atténuantes que leur aumônier dut les absoudre, pour cette fois, sans exiger une restitution d'ailleurs impossible, puisque les premiers troupeaux volés furent pour leur nourriture et qu'ils n'avaient pas d'argent pour les payer.

— D'autant plus atténuantes que Bolivar les avait tentés en leur parlant de l'abondance qui régnait dans la plaine. Eût-il été plus moral et plus humain s'il leur avait dit : « Courage, hommes vertueux et sensibles ! (C'est le style de l'époque.) Nous allons proclamer les Droits de l'Homme à Bogotá ! »

Le général éclata de rire.

— Bon ! lui dis-je. Vous venez de condamner les Droits de l'Homme.

— On ne peut nier, reprend-il, qu'il y ait des cas où il est impossible de les invoquer. Il est certain, par exemple, que jamais un de nos soldats ni un de nos chefs n'en a parlé dans les tranchées.

— Pas même M. Poincaré quand il allait rendre visite aux poilus. Pourtant, d'après les bourreurs de crâne de l'arrière, c'eût été le moment plus que jamais.

Mais Mangin, qui n'aime pas à s'entretenir, du moins avec moi, des questions de politique française, revient vite aux *llaneros* :

— Nous avons tous — et je dis : tous, car ceux mêmes qui comprennent que c'est une erreur n'évitent pas toujours d'y tomber, — nous avons tous le tort de juger les hommes et les événements de temps anciens ou de pays très différents des nôtres d'après nos idées, nos sentiments et notre vocabulaire. Le pis est de les juger d'après nos nerfs. Les pasteurs nomades, les centaures du Vénézuéla, sont-ils des bandits ou des héros, ou bien des bandits héroïques ? D'autre part, sont-ils des démocrates ? A certains points de vue, ils sont beaucoup plus démocrates que les Européens, mais quelle niaiserie que de faire d'eux les apôtres du Contrat social et que d'évoquer à leur sujet les doctrines philosophiques et politiques de nos ancêtres, les théories du droit constitutionnel et les bobards de notre presse, de nos meetings et de nos tribunes parlementaires ! Ils sont eux-mêmes, ils sont ce qu'ils ne peuvent pas ne pas être. Ils sont ce qu'ont été toutes les peuplades de pasteurs nomades à cheval : des conquérants. Je ne sais plus qui a dit qu'une armée de centaures vénézuéliens aurait été capable de conquérir l'Europe si elle avait pu parvenir jusqu'à nos rivages et y débarquer. Une tribu de pasteurs nomades d'Arabie, entraînant d'autres populations à son passage, n'a-t-elle pas conquis, avec une rapidité inouïe, un empire qui s'étendait des frontières de l'Inde jusqu'à l'Espagne ? Ces Arabes étaient les *llaneros* de l'Asie : même agilité, même soif de pillage, mêmes instincts démocratiques. Chez les uns comme chez les autres, les sentiments égalitaires sont poussés jusqu'au paradoxe...

— Voulez-vous me permettre, mon général, de vous citer un exemple bien caractéristique et peu connu ? Aux temps héroïques de l'Islam, le calife, chef suprême religieux, militaire et civil, était, quant aux droits, l'égal d'un simple soldat et même d'un paysan ; il n'était au-dessus d'eux que par ses devoirs et ses responsabilités. Au partage du butin, lui et ses officiers ne touchaient pas plus que les soldats. Lorsqu'Omar (qui n'a pas brûlé la bibliothèque d'Alexandrie), le plus grand, le plus admirable de tous, s'empara de Jérusalem, l'armée n'avait pas assez de chameaux pour tous les combattants ; aussi, tous les hommes faisaient-ils, à tour de rôle, une heure ou deux de trajet à pied.

Au moment solennel de l'entrée dans la ville
sainte, l'heure d'aller à pied était venue pour
Omar. Le maître absolu de tous, le prodigieux
vainqueur, le plus grand homme de guerre de
l'Islam, descend de son chameau, sur lequel un
simple soldat prend sa place, et se mêle à la troupe
des piétons au milieu de laquelle les autorités de
la ville qui viennent lui présenter leurs hommages
ont d'autant plus de difficultés à le trouver que
rien dans son vêtement ne le distingue de ses
soldats.

— Comme exemple de ce que nous appelons
égalitarisme démocratique, c'est parfait. Pour le
partage du butin chez les barbares, nous avons,
au début de l'histoire de France, l'anecdote du
vase de Soissons ; mais si Clovis supporta l'affront
que lui fit un soldat, il chercha et trouva l'occasion de se venger. Égalitaires, démocrates, ces
llaneros d'Amérique et d'Asie ? Oui, mais ils
sentent, dans la profondeur de leurs instincts,
qu'ils ont besoin d'un chef absolu. Seulement,
entre eux et lui, ils ne veulent pas d'intermédiaire,
pas d'aristocratie et, à plus forte raison, pas de
Parlement. Lorsqu'un chef se présente qui peut
prendre sur eux de l'ascendant — général, khan,
dictateur, empereur, ou de tout autre nom qu'ils
lui donnent, — non seulement ils l'acceptent,
mais ils en font un demi-dieu s'il mérite ce culte.

Cela ne les empêche pas, dans certains pays, d'être indisciplinés par occasions. Quand le chef se nomme Páez, il leur applique lui-même leur propre loi et les ramène dans le chemin du devoir en les bourrant de coups de poing. C'est bien étrange, cela déconcerte les Européens du vingtième siècle que nous sommes. Il est évident que si nos soldats s'étaient conduits comme des *llaneros*, plus de quatre-vingt-dix pour cent auraient été fusillés pour faits graves d'indiscipline en temps de guerre...

— Et avant la mi-septembre de 1914 les Allemands s'emparaient de Paris et étaient maîtres de toute la France, puisque, par cette application des lois de la discipline, nous aurions nous-mêmes détruit nos armées.

— Vous pensez bien que je viens de faire un raisonnement *ab absurdo* pour montrer quelle souplesse, quelle intelligence durent déployer Páez et Bolivar pour faire de ces centaures de véritables soldats obéissant tant bien que mal, mais finalement obéissant à des colonels et à des généraux et réalisant les grands desseins conçus par leur chef. Celui-ci sut leur imposer ce qu'il fallait de discipline, et au moment opportun, pour réussir, et fermer les yeux sur le reste sans rien perdre de son prestige. Le plus beau, et cela s'élève jusqu'au sublime, est que, lorsqu'une nécessité absolue, et qu'ils comprennent, le commande, ils s'astreignent d'eux-mêmes à une discipline si farouche que des officiers ne pourraient l'exiger d'eux. Voyez-les escaladant les Andes dans les circonstances que vous savez : un jour, ils ont à choisir entre leurs fusils et leurs provisions de viande. Ils sont dans un horrible pays de montagnes arides et de gouffres ; ils ne savent pas si, dans quelques jours, ils trouveront de quoi manger. Et ils jettent la viande pour garder leurs fusils et leurs munitions. S'il n'y avait eu en eux que le goût du pillage et du vol, ils n'auraient pas payé si cher pour le satisfaire ; ils n'auraient pas suivi Bolivar. Ils seraient restés de leur côté des Andes et auraient continué de piller leur propre pays.

— Il me semble que nous sommes tout à fait d'accord : les soldats *llaneros* avaient acquis le droit, au moins pour cette campagne, de piller la Nouvelle-Grenade tout en la délivrant de la domination espagnole.

*
* *

— Pardon ! me dit tout à coup Mangin au moment où je me lève pour prendre congé. Encore quelques mots. Nous avons parlé d'une tribu d'Arabes nomades qui a conquis rapidement un des plus grands empires de l'histoire du monde.

J'ai ajouté, il est vrai, qu'elle en a entraîné d'autres.
Cela ne suffit pas. Ces Arabes du septième siècle et
ceux qui, grossissant leurs bandes, en firent les
redoutables armées que vous savez, étaient beaucoup plus poussés par l'instinct du pillage et la
« part du combattant » promise et payée que par
le prosélytisme religieux. Mais ils disposaient
d'une autre force, sans compter celle des peuples
soumis qui n'étaient pas des nomades et qui leur
fournirent des régiments. L'Arabe est le plus
ingouvernable des peuples et il est trop prudent
pour être courageux jusqu'à la mort. J'ai écrit cela
quelque part, mais d'autres l'avaient observé
avant moi. Il leur manquait donc un élément...
Avez-vous lu *la Force noire* et l'*Histoire des peuples de l'Orient classique*?

— J'ai lu votre livre tout récemment, et celui
de Maspéro il y a de longues années.

— Alors vous savez, par mon bouquin, sinon
par un autre, que cet élément est la race nègre.
Et vous avez appris de Maspéro que c'est à l'abri
de la force d'une armée permanente recrutée
parmi les Berbères libyens et les nègres du Haut-
Nil que naquit et se développa la première civilisation méditerranéenne, celle de l'Égypte[1]. Eh.

1. « Une seule race, la race nègre, a fourni aux souverains de
l'Espagne et du Maghreb l'élément discipliné, fidèle et brave qui
manquait à leurs armées. (Général Mangin, *la Force noire*, p. 107.)
« Les Pharaons se ménagèrent des réserves inépuisables chez

bien ! Voici un nouveau sujet d'étude sur lequel nous pourrions méditer et dont nous parlerons quelque jour, si vous voulez : du rôle des soldats noirs dans les guerres de l'Indépendance sud-américaine. Certainement, ils surent s'adapter, comme tous les hommes de leur race, aux climats les plus divers ; ils furent courageux, intrépides, durs à la souffrance. Ont-ils rendu aux chefs libérateurs autant de services que leurs ancêtres aux Pharaons et aux califes, autant que, de nos jours, les Soudanais et les Sénégalais à la France ? Sinon, est-ce que les autres qualités leur auraient fait défaut, ou les auraient-ils eues à un degré insuffisant ? Et, dans ce cas, quelles sont les causes de la défaillance ?

— Je ne sais si on pourrait trouver un nombre suffisant et assez explicite de documents contemporains pour donner matière à une longue étude sur cet intéressant sujet. Il y eut des soldats noirs, mulâtres, indiens et métis de toute sorte dans les deux camps. Est-il besoin de vous dire que les

ces races courageuses, actives, dures à la souffrance, infatigables, et que leur turbulence native empêchait seule de secouer le joug des Égyptiens. Ils encadrèrent fortement les éléments qu'ils leur empruntèrent, et ils en confièrent l'instruction à des officiers de choix. Ceux-ci les assujettirent à une discipline rigoureuse, les assouplirent aux évolutions des troupes régulières et transformèrent leurs hordes désordonnées en bataillons d'attaque solides et brillants. » (G. Maspéro : *Histoire des peuples de l'Orient classique*, t. II, pp. 214, 222; cité par Mangin).

nègres qui servaient dans l'armée républicaine se souciaient aussi peu de la République et de l'émancipation des peuples pour lesquelles des blancs les avaient enrôlés, que ceux qui se battaient pour la cause royaliste se souciaient de l'Espagne et de son roi ?

— Évidemment. Cela se voit dès le début des hostilités. Dans les premières années, les nègres étaient beaucoup plus nombreux dans le camp royaliste que dans l'autre. Ceux qui, après la mort de Boves, chef des hordes, passèrent dans le camp républicain, gardèrent les mêmes instincts et les mêmes passions qui leur avaient mis les armes à la main. Seulement, au lieu de : « Vive le roi ! mort aux blancs ! » ils crièrent : « Vive la République ! mort aux blancs ! » Ils faisaient une guerre de race et de couleur. Les chefs blancs eux-mêmes, en les grisant de promesses afin de les utiliser, avaient contribué à exaspérer leur haine contre les Européens et les créoles. L'ivresse du sang et l'appât du pillage firent le reste. Il n'y a donc aucune comparaison possible entre eux et nos troupes noires.

— Bolivar eut avec eux les mêmes difficultés qu'avec les *llaneros* indiens et métis pour les soumettre à la discipline d'une armée régulière. Dans une conversation avec le Français Peru de Lacroix, qui fut un de ses officiers d'ordonnance, le Libérateur dit que, pendant la guerre de l'Indépendance et principalement pendant les premières années, on donna des grades militaires aux plus vaillants des soldats noirs et indiens pour stimuler leur enthousiasme et récompenser leurs exploits. On ne pouvait leur donner de l'argent : on n'en avait point. Il y eut des colonels, des généraux nègres, ce qui inspira à tous les autres le désir du galon et du commandement. Désir d'autant plus vif et légitime à leurs yeux que des rhéteurs et des doctrinaires persuadaient les esclaves de la veille que, par le seul fait que la République était proclamée, les noirs étaient les égaux des blancs, leurs supérieurs même, qu'ils pouvaient aspirer aux plus hauts grades de l'armée, aux plus hauts postes de la magistrature et de la politique, que leurs services de guerre leur donnaient tous les droits — et qu'aucun devoir ne pouvait leur être imposé. Cette élévation de tant de nègres dans la hiérarchie militaire fut un mal nécessaire, dit Bolivar. Mais le mal ne cessa pas quand la guerre fut finie ; il s'aggrava plutôt. Ce fut tant pis pour les blancs, mais tant pis aussi pour les noirs victimes de leurs mauvais instincts encouragés et déchaînés.

— En somme, le problème se pose de la même manière qu'il y a quatre mille ans. Relisez l'histoire de l'Égypte par Maspéro, et celle des souverains musulmans de l'Espagne et du Maroc.

VIII

La *Revue de l'Amérique latine* a consacré tout
son numéro de décembre 1924 au Centenaire de la
bataille d'Ayacucho qui, après tant d'années de
luttes sanglantes, rendit effective et définitive
l'indépendance de l'Amérique espagnole. Le premier article est une longue et belle étude du général Mangin intitulée : « l'Indépendance de l'Amérique du Sud et la bataille d'Ayacucho », divisée
en trois chapitres :

1° « San Martin et Bolivar », une large fresque
résumant en quelques pages quatorze ans de
guerre ; la part de gloire qui revient à chacun des
deux chefs se déduit du simple exposé de leur
action et des résultats obtenus.

2° « De Junin à Ayacucho » : récit des événements qui précédèrent immédiatement la bataille
du 9 décembre 1824.

3° « La bataille d'Ayacucho ». J'en détache la page suivante non parce que Mangin m'y fait l'honneur de se référer à mes travaux, mais à cause de son importance :

« La guerre de l'Indépendance dure depuis plus de douze ans. Si, pour mettre fin à la révolte de ses sujets, le gouvernement espagnol n'avait eu que les forces expéditionnaires envoyées de la métropole, une année, peut-être moins, aurait suffi pour terminer la lutte par le triomphe des indépendants. Mais, ainsi qu'il résulte de tous les documents officiels de l'époque, et comme l'a démontré M. Marius André dans ses études historiques, elle a tous les caractères d'une guerre civile ; c'est une lutte fratricide entre Américains partisans de l'indépendance et Américains partisans de l'ancien régime avec une autonomie plus ou moins élargie. La division est telle, au sein même des familles, qu'on voit des pères et des jeunes hommes combattre dans une armée, tandis que leurs fils et leurs frères sont dans le camp opposé. D'autres portent les armes contre leurs meilleurs amis. Mais les liens du sang et ceux de l'affection et l'estime mutuelle persistent chez ces hommes qui risquent leur existence avec un égal désintéressement pour des causes différentes et, avant de s'entretuer, ils éprouvent le besoin de se voir, d'échanger quelques paroles, de s'embrasser.

C'est ce qui se passe à Ayacucho où les officiers et les soldats de l'armée espagnole sont, en majorité, des Américains créoles, indiens et métis.

« Un officier de l'état-major de l'armée libératrice, qui prit part à la bataille, rapporte les faits suivants : « A neuf heures du matin, le général (royaliste) Monet descendit vers nos lignes, fit appeler le général (républicain) Córdova et eut avec lui une courte entrevue. Beaucoup d'officiers des deux armées, unis par les liens du sang et de l'amitié, eurent le plaisir de se voir et de s'embrasser, et il y eut des frères d'opinions opposées qui, se revoyant après une longue séparation, versèrent d'abondantes larmes. Après cette scène si pathétique, chacun se retira dans son camp. »

« L'entrevue des généraux Monet et Córdova eut lieu en présence des deux armées ; devant elles aussi le général Turcón embrassa son frère, officier dans le camp ennemi. Soudain, tous ces tendres héros se raidissent. Le combat va s'engager... »

De pareils préliminaires de combat sont, sans doute, uniques dans l'histoire du monde. Et c'est cette bataille qui va décider du sort de toute l'Amérique espagnole. On se bat entre frères, entre amis, entre compatriotes pour ou contre le roi d'Espagne.

— Sans avoir l'air d'y toucher, dis-je au général, vous bousculez fortement l'histoire officielle,

vous pulvérisez un mythe, vous déboulonnez
une idole du forum. Nos sorbonnards de l'enseignement de l'histoire vous excommunieraient
s'ils n'estimaient plus prudent de garder le silence,
car il est impossible de vous répliquer quoi que
ce soit.

— Comment cela ?

— Dans cette page vous affirmez que la guerre
de l'Indépendance hispano-américaine fut une
guerre civile entre Américains. Et cela suffit. C'est
formidable. Toute l'histoire officielle fiche le camp.
L'histoire entière de l'Amérique est à refaire, car
cette vérité trop longtemps étouffée a des causes et
des conséquences également étouffées, falsifiées.

— Je n'ai pourtant pas fait une découverte.
Cette vérité historique, je ne suis pas le premier à
l'avoir écrite.

— Vous êtes le second en France, et peut-être
en Europe.

— J'ai rendu hommage au premier.

— Merci pour lui. Mais il n'en a pas tiré tous
les enseignements qu'elle comporte et toutes les
conséquences qui en découlent pendant la guerre
et après. Il lui manquait, lorsqu'il écrivit son
ouvrage sur Bolivar, d'avoir lu le *Césarisme
démocratique* de Laureano Vallenilla Lanz.

— Est-ce lui le premier en Amérique ?

— Je le crois. L'histoire de la guerre de l'Indépendance et, plus particulièrement, celle de Bolivar, est ce que je connais le mieux. J'ai lu plusieurs centaines de volumes avant d'apprendre quelques vérités que Vallenilla Lanz seul m'a dévoilées. Néanmoins, j'avais déjà déduit de la lecture des documents officiels de l'époque, tant espagnols qu'américains, que la cause de l'Espagne fut soutenue, dans le Nouveau Monde, par ses propres sujets.

— Francisco Garcia-Caldéron n'est-il pas un des meilleurs historiens et sociologues d'Amérique ?

— Sans aucun doute.

— Mais cette vérité et d'autres lui ont échappé. D'où quelques obscurités. Par exemple, lorsque j'ai lu, dans *les Démocraties de l'Amérique latine*, qu'avant d'engager la bataille d'Ayacucho des groupes de combattants des deux camps, Espagnols et Américains, s'entretinrent amicalement et même, si je ne me trompe, fraternellement, je n'ai pas compris[1]!

— « Espagnol » signifie « Américain partisan de l'Espagne ».

— Il aurait fallu le dire. Vallenilla Lanz le dit et

1. « Les ennemis ouvrent le feu, en dévalant des versants des collines; les deux lignes de bataille se rapprochent. La nuit sert de trêve aux combattants, des officiers des deux armées devisent en groupes fraternels, avant le prochain combat. » P. 56.

le prouve avec une abondance de documents, d'inductions et de déductions vraiment impressionnante, écrasante, qui rend toute dénégation impossible. Je lui avais consacré quelques lignes dans mon étude de la *Revue de l'Amérique latine;* elles sont « tombées » à l'impression, après la correction de la première épreuve où elles étaient. J'ai regretté ce petit accident.

— Vous avez donc lu *Césarisme démocratique?*

— Pas tout ; je n'ai pas encore eu le temps. J'ai eu seulement celui de lire le premier chapitre qui, précisément, est intitulé : « Ce fut une guerre civile. » Je n'ai fait que feuilleter les autres en lisant, çà et là, un ou deux paragraphes qui accrochaient mes yeux ; c'est ainsi que j'y ai lu une histoire de monarchistes ralliés à la République qui m'a bien intéressé et, j'ose même dire, amusé...

— Amusé par la comparaison qui s'impose avec nos ralliés français et qui n'est pas à l'avantage de ces derniers ?

— C'est cela. Vraiment! Ces ralliés qui s'emparent de la République et font élire président un ancien émigré.... S'ils avaient eu un prince sous la main, la Restauration était faite....

Et Mangin se met à rire de bon cœur, sur cette comparaison de la politique vénézuélienne avec la politique française.

Je crois bon de transcrire ici les pages de Vallenilla Lanz auxquelles nous venons de faire allusion. Pour l'histoire officielle, la guerre est finie
lorsque les derniers soldats espagnols ont quitté le
Nouveau Monde. Oui, mais les soldats venus d'Espagne pour défendre la cause du roi sont une
minorité. Cette guerre de l'Indépendance est une
guerre civile et, lorsque la domination espagnole
est abolie, elle continue dans plusieurs des nouveaux États. Les deux partis restent en présence,
ils changent de noms et se disputent le pouvoir,
souvent les armes à la main. Au Vénézuéla, les royalistes (ou *goths*, comme on les appelait), ralliés au
nouveau régime, puisqu'ils ne pouvaient faire
autrement, entrent dans la République et deviennent bientôt maîtres de toutes les administrations,
des tribunaux et du Parlement.

« Alors, on ne se souvint plus de la gloire de
Bolivar ; ses ennemis, anciens royalistes en majorité, en vinrent à discuter publiquement les grands
bénéfices de l'Indépendance, et les faits sanglants de
1814 furent rappelés à la mémoire du peuple sans
une seule atténuation. En même temps que son
prestige s'écroulait, de tous côtés les éléments
réactionnaires qui devaient produire la dissolution
de la Grande Colombie se regroupaient et exhi-
baient, peut-être malicieusement, le général Páez
comme le représentant légitime du peuple véné-

zuélien, comme le chef-né des grandes majorités populaires — pour employer le jargon de nos jacobins — comme l'homme représentatif de son peuple, comme la pure émanation du milieu social profondément transformé par la révolution...

« Lorsque la guerre de l'Indépendance fut terminée et que les derniers espoirs de restaurer l'ancien régime furent perdus, les *goths* ou royalistes, qui étaient passés presque tous dans les rangs patriotes, protégés par les lois constitutionnelles qui accordaient l'égalité des droits à tous les habitants nés sur le territoire, quelles que fussent leurs anciennes opinions, se réfugièrent à l'ombre de Páez, le puissant *caudillo*, et, unis aux patriotes ennemis de Bolivar et de l'Union colombienne, ils entrèrent comme facteurs dans tous les événements qui eurent pour conséquence la dissolution de la Grande Colombie et la réorganisation du Vénézuéla.

« Mais il était humainement impossible pour les hommes qui, durant vingt ans, s'étaient entre-déchirés dans une des plus terribles guerres qu'enregistre l'histoire, d'oublier leurs haines profondes par le simple fait d'une transformation politique : et la lutte continua, formidable, sous l'impulsion des mêmes causes lointaines, modifiées naturellement par la disparition de l'Espagne comme élément de combat et sous la poussée des classes populaires auxquelles la Révolution avait ouvert le chemin de l'ascension politique et sociale. La haine, exaspérée par la cruauté et la prolongation de la guerre avec tout son cortège de fusillements, de prisons, de confiscations de part et d'autre, passa, comme un héritage inaliénable, des pères aux fils; et lorsque les classes populaires, entraînées par leurs instincts d'assassinat et de pillage, continuaient de parcourir l'immense étendue de nos plaines en commettant les mêmes crimes dont elles avaient l'habitude et qui sont caractéristiques des peuples pasteurs sous toutes les latitudes, crimes légitimés en quelque sorte maintenant par les prédications du jacobinisme créole, — dans les villes, les deux partis antagonistes, changeant de drapeau et se déguisant sous des manteaux constitutionnels, s'acharnaient à la tâche funeste de transplanter d'Europe et des États-Unis les doctrines politiques les plus avancées, sans jamais penser aux possibilités de leur application.

« Les *goths*, comme pour effacer le souvenir de leur lutte en faveur de la domination espagnole, exagéraient *en théorie* leurs principes radicaux et disputaient à leurs adversaires le qualificatif de *libéraux*. Les anciens royalistes n'avaient pas appartenu en majorité, comme on l'a cru, à l'aristocratie coloniale presque disparue dans la bour-

rasque de la Révolution et dont les rares survivants étaient dans la misère. C'étaient les représentants de la bourgeoisie, de la classe moyenne
de la colonie, constituée principalement par une
oligarchie de boutiquiers favorisés par la Constitution de 1830, qui n'avait accordé des droits élec-
toraux qu'à ceux qui avaient des revenus ; cela faci-
lita l'audace inconcevable d'appliquer à Páez,
chef-né de la nation, le principe exotique de l'alter-
nance républicaine en nommant, pour lui succé-
der à la présidence de la République, le docteur
José-Maria Vargas, suspect, avec raison, de roya-
lisme, pour avoir résidé à Puerto-Rico pendant les
temps les plus cruels de la guerre. D'autre part,
en s'appuyant sur les doctrines économiques de
l'école libérale de Manchester, ils réagirent contre
la législation coloniale qui fixait l'intérêt de
l'argent et poursuivait l'usure comme un crime,
en sanctionnant la célèbre loi du 10 avril 1834 sur
la liberté de contrats dont l'exécution causa des
émeutes et contribua à fomenter l'opposition au
gouvernement, car cette loi, favorisant le capital,
donnait au commerce, et par conséquent aux *goths*,
une prépondérance beaucoup plus grande qu'à
l'époque coloniale. En même temps, étaient votées
les lois les plus rigoureuses : contre le vol de bes-
tiaux coutumier chez les *llaneros*, contre les conspirateurs, sans considérer que le premier conspirateur

avait été Páez, lorsqu'il se révolta contre le gouvernement colombien, et que la République même du Vénézuéla était née d'une conspiration contre ce gouvernement. »

— C'est d'un grand historien, me dit Mangin après m'avoir rappelé ces pages. Il y a donc, postérieurement à l'année 1825, des événements historiques qui restent obscurs ou même inexplicables et qui, en tout cas, embarrassent fort les historiens si l'on croit que l'Amérique espagnole conquit son indépendance par un soulèvement général contre la métropole et sa victoire, après quinze ans de lutte, sur des armées venues d'Espagne. Mais ce n'est pas seulement l'histoire, à partir de 1810, qui se trouve faussée par l'erreur dans laquelle on s'est obstiné : c'est celle de trois siècles de domination espagnole.

Dans cette forêt, en partie encore inexplorée, de l'histoire de l'Amérique, le général Mangin se meut avec la même curiosité, avec le même ardent désir de voir, de comprendre et de faire des découvertes que dans les brousses de l'Afrique centrale il y a un quart de siècle. L'ambassadeur de la France auprès des Républiques du Nouveau Monde, continuant ses études sur l'histoire de ces pays, est le même homme que le jeune officier de la mission Marchand, si les buts sont différents.

— Plus je lis et étudie, me dit-il tout à coup,

plus je vois s'éloigner l'époque à laquelle je pourrai écrire une étude sur Bolivar. Je savais déjà
qu'il n'y a rien à tirer de nos écrivains universitaires qui, d'ailleurs, n'ont traité toutes ces questions que sommairement. Mais les Américains eux-
mêmes ! Combien y en a-t-il qui sont sujets à
caution ! Le mieux serait, lorsque c'est possible, de
commencer par lire les documents authentiques et
officiels de l'époque lorsque, traitant la même
question et émanant de gouvernements ou de
partis opposés, ils sont en concordance parfaite.
Si, par exemple, j'avais lu dans les collections de
documents espagnols et américains ceux que cite
Vallenilla Lanz, j'aurais eu, sur le caractère de
guerre civile des luttes pour l'émancipation, une
conviction que rien n'aurait pu ébranler et je
n'aurais pas eu besoin d'attendre que le hasard mît
entre mes mains l'ouvrage de cet historien vénézuélien. J'en aurais su, sur ce point, presque autant
que lui. Mais trompés comme nous l'avons tous
été à l'école primaire, au collège, au lycée et jusque
dans les Facultés, si, voulant étudier une époque
historique, nous ne devons rien accepter que sous
bénéfice d'inventaire, si nous devons appliquer à
tout imprimé le doute cartésien... quel formidable
travail !... Vous avez lu je ne sais combien de
volumes sur l'histoire de l'Amérique, tous les document publiés par O'Leary, beaucoup d'autres

encore ; et vous venez de me dire qu'il a fallu le
livre de Vallenilla Lanz pour préciser vos connaissances et même vous ouvrir des horizons nouveaux. C'est à désespérer quand, comme c'est mon
cas, on est pris par des devoirs professionnels et
qu'on ne peut consacrer à l'étude de cette histoire
que des loisirs souvent bien courts. Heureux les
hommes à qui un seul livre donne la certitude et
qui, après avoir passé une soirée à le lire, s'endor-
ment bien tranquillement !

Pense-t-il à la *Vie de San Martin* par le général
Mitre ? Certainement, car, sans transition, il
reprend :

— Un Vénézuélien, qui n'est pas M. Barceló,
m'a conseillé de lire, comme contrepoison à Mitre
et pour avoir une connaissance exacte de la vie de
Bolivar, un ouvrage écrit, il y a une cinquantaine
d'années, je crois, par un de ses compatriotes...
Diable ! j'ai oublié le nom de cet historien...

— Felipe Larrazábal ?

— C'est cela.

— Gardez-vous-en bien ! Ce Larrazábal, un
romantique forcené, a fait pour Bolivar, et par des
moyens différents, ce que Mitre a fait pour San
Martin : une apologie ridiculement fausse [1]. C'est

1. « La *Vie de Bolivar*, par Larrazábal, pourrait être qualifiée
de poème en prose : Bolivar n'est pas un homme, il est
au-dessus de l'humanité ; il n'est pas un héros, mais le Héros ;

à dégoûter un esprit pondéré et critique. Il appartient à une école littéraire et historique qui a encore des représentants en Amérique, mais beaucoup moins qu'au dix-neuvième siècle, qui en a été infesté.

— Si j'en juge par le peu que j'ai lu de lui et qui suffit à se faire une opinion là-dessus, Vallenilla Lanz n'est pas du nombre de ces écrivains ridicules. C'est un véritable constructeur. Il ne bâtit pas dans les nuages.

Enfin, le général me parle, ce jour-là, d'une histoire de « part du combattant » qu'il a trouvée dans *Césarisme démocratique*, et il la commente avec humour :

— Si, dit-il, le Conseil supérieur de l'Instruction publique ordonnait une refonte de l'enseignement de l'histoire et le remplacement des erreurs, des mensonges et des bobards trop forts par des faits dont la véracité ne laisse pas la place

bien plus, Bolivar « comme un dieu pénètre l'avenir ». Il ne trouve dans les annales d'aucun peuple rien qui puisse lui être comparé. Dire qu'il est grand entre les grands ne lui suffit pas; il faut qu'il soit toujours le plus grand en tout, comme Jupiter Olympien. Ses défauts sont convertis par lui en vertus... En l'exaltant sur une pyramide d'hyperboles, il ne fait que le déformer, le rapetisser. Il serait difficile de trouver dans la littérature américaine un autre exemple d'un enthousiasme aussi soutenu, si ce n'est celui de l'Argentin Mitre qui, quoique moins lyrique, tomba dans la même extase devant la figure de San Martin. » — J. Gil Fortoul, *Historia constitucional de Venezuela*, t. II, p. 535.

au moindre doute, jamais nos Seignobos ne pourraient se résoudre à raconter, dans leurs conférences et leurs livres, des épisodes comme celui-là. Ils auraient peur que les murs de la Sorbonne s'écroulent et que les linotypes des imprimeries de leurs *Manuels* se brisent.

Voici, résumé d'après le livre de Vallenilla Lanz, cet épisode sur lequel la verve de Mangin s'exerce un moment, et qui commande l'histoire du Vénézuéla au dix-neuvième siècle.

Lorsque les nobles et les lettrés de Caracas eurent proclamé l'indépendance, en 1810, et, par-dessus le marché, la République et les Droits de l'Homme auxquels ils croyaient ingénument, une bonne partie de la population, la majorité, s'insurgea contre eux. Tout à coup, apparaissent sur le théâtre de la guerre civile déjà commencée douze mille centaures qui ont pris parti pour le roi. Ce sont les *llaneros*, les pasteurs nomades des plaines (*llanos*), des Indiens, des mulâtres, des métis, à demi sauvages, qui ont en haine les blancs et les gens des villes, ne reconnaissent aucune loi et n'obéissent qu'à leurs instincts qui les poussent au pillage, au vol et au meurtre. Au nom du roi, dont la cause leur est parfaitement indifférente, ils parcourent le Vénézuéla au galop de leurs chevaux, pillant, volant, brûlant, assassinant partout. Ce sont les bandits de la monarchie, dit l'histoire

officielle. Ils mettent la République au tombeau
après avoir battu les petites troupes de patriotes.
Mais la République se relève et reprend le dessus.
Elle a, à son tour, une armée de soldats irrésis-
tibles. Ce sont les héros de la République, dit
l'histoire officielle. Or, héros et bandits sont les
mêmes personnages! Les *llaneros* ont abandonné
la cause du roi et deviennent les sauveurs de la
République égorgée par eux, parce que les autorités espagnoles ont voulu les empêcher de faire
une guerre de sauvages et les soumettre à la discipline d'une armée de peuple civilisé et parce
qu'elles ne leur ont pas donné la part du combattant promise : des terres et des troupeaux.

La République leur fait les mêmes promesses
avec l'intention de les tenir; mais elle ne le peut
tant que dure la guerre civile dans un pays en
grande partie occupé par l'ennemi. Pour les faire
patienter en leur donnant des reconnaissances certaines de sa dette, le gouvernement distribue aux
llaneros des bons qui seront échangés, après la
victoire finale, contre des terres et des troupeaux.
Les guerriers barbares se méfient : des bons, des
morceaux de papier, cela ne représente rien pour
eux. Si encore on leur avait donné des pièces d'or
ou d'argent! Mais le Trésor public est bien pauvre
de monnaies. Enfin, ils patientent. La guerre
finie, ils exhibent leurs bons et réclament les

terres promises. Et, comme on ne les leur donne pas, ils deviennent menaçants. Vont-ils faire une révolution sanglante, mettre le pays à feu et à sang au nom du roi absolu ou de la démocratie ? On le craint.

Bolivar, voyant le danger, avait écrit au ministre des Finances : « Il est d'une nécessité absolue que le Congrès prenne des mesures qui donnent à l'armée l'espoir certain que les promesses qu'on lui a faites tant de fois seront tenues. Il serait très dangereux qu'elle arrivât à douter de l'accomplissement de ces promesses sur lesquelles chacun a mis ses espérances. Le jour de la paix s'approche et, avec lui, le moment de licencier l'armée ; et alors, si, en rentrant chez eux, ils n'emportent pas l'assurance d'entrer en jouissance de ce qui leur a été assigné, il n'y aura rien d'étonnant à ce que se renouvellent les mêmes défections que souffrirent les Espagnols lorsqu'ils subjuguèrent le Vénézuéla en 1814, et plaise à Dieu que ce ne soit pas le signal de la désastreuse guerre civile qui nous menace au milieu de la déférence apparente de notre population ! »

Le parlement se décide à voter une loi de répartition des terres. Mais ce sont pas les soldats qui en ont les bénéfices. Lassés d'attendre, ils avaient cédé leurs chiffons de papier, à vil prix, à des spéculateurs, à leurs généraux !

« Le Congrès, dit Vallenilla Lanz, suivit les indications du Libérateur, mais l'exécution de la loi ne fut pas aussi équitable qu'on l'avait espéré. Páez et quelques autres chefs, secondés par des spéculateurs, commencèrent à acheter les titres des soldats, surtout ceux des *llaneros* de l'Apure, à des prix dérisoires, de sorte que les latifundia coloniaux passèrent sans modification aux mains de Páez, de Monagas et de quelques autres qui, étant entrés en guerre sans aucune fortune, furent, à peine le Vénézuéla était-il constitué, les plus riches propriétaires du pays. Cette violation de la loi fut suivie de la réaction du parti royaliste qui, maître des conseils du gouvernement et des tribunaux de justice, commença d'annuler les confiscations des biens des émigrés qu'ils reprirent aux guerriers de l'Indépendance, auxquels on les avait assignés en récompense de leurs services, pour les rendre à leurs anciens propriétaires ou à leurs descendants qui revenaient au pays. Bien entendu, cette mesure n'atteignit ni ne pouvait atteindre le général Páez ni aucun des autres magnats qui continuèrent d'accroître leur richesse territoriale.

« Alors, il advint ce qu'avait prévu Bolivar : les *llaneros* s'adonnèrent de nouveau au vol et au pillage, comme ils avaient coutume de le faire depuis les temps coloniaux, avec cette différence que, maintenant, ils pouvaient déguiser leurs impulsions barbares en proclamant des principes politiques et des « réformes » constitutionnelles. »

*
* *

— Je viens de lire, me dit Mangin, les pages de Jules Mancini sur la révolution de Quito, si l'on peut appeler révolution cette prise du pouvoir faite au nom du roi, sans effusion de sang, sans trouble et avec une parfaite courtoisie par des membres de la noblesse, sur la manière terrible dont elle fut réprimée et sur les massacres [1] dont un grand

1. « Pendant que les patriotes, incarcérés à Quito après l'arrivée des troupes auxiliaires de Nouvelle-Grenade et du Pérou, attendaient que l'Audience de Santa-Fé eût statué sur leur sort, un certain nombre des soldats de la garnison, dont l'attitude avait naguère obligé le président Ruiz à reconnaître la Junte et qui, par la suite, s'étaient réfugiés dans la campagne, retournèrent en ville. Ils supposaient que les persécutions avaient pris fin et pensaient n'être plus inquiétés. On les arrêta cependant, ils furent jetés en prison et la population manifesta dès lors une vive hostilité à l'égard des troupes d'occupation qui, de leur côté, se livraient à tous les désordres, maltraitaient au moindre propos les habitants. Ceux-ci finirent par approvisionner les soldats espagnols. Le brutal Arrechagua et le sinistre Arredonda qui les commandaient, s'étaient mal résignés à l'indulgence relative du président Ruiz envers les patriotes, qu'arrêtés, ils eussent voulu voir exécutés sur l'heure : la résistance des habitants de Quito les exaspéra et ils ne cherchèrent plus qu'une occasion de vengeance. Elle ne devait pas tarder à s'offrir.

« Le 2 août 1810, à une heure de l'après-midi, une dizaine des soldats récemment emprisonnés surprirent leurs gardiens, s'emparèrent de leurs armes et, comptant sur l'appui de la popu-

nombre d'innocents, d'enfants et de femmes
furent victimes. Mancini est un historien d'une
très haute valeur et d'une probité intellectuelle
parfaite; sa mort en pleine jeunesse, avant qu'il
eût achevé son grand ouvrage sur Bolivar, fut un
malheur pour la science historique française et
pour l'Amérique latine. Mais il y a, dans son premier volume, le seul qu'il ait publié, des erreurs
et des lacunes qui n'y auraient sans doute pas été
si le livre de Vallenilla Lanz avait existé lorsqu'il
entreprit ses études sur les guerres de l'Indépendance et le Libérateur. Comme tous les historiens

lation, coururent aux casernes occupées par la garnison péruvienne. Mais l'alarme fut aussitôt donnée : les fugitifs arrivaient
à peine sur la Plaza Mayor où se trouvaient les casernes, que
les Espagnols, faisant feu par les fenêtres, les couchaient à terre
à la première décharge. Personne n'avait d'ailleurs fait mine de
suivre ces malheureux, et l'incident paraissait terminé lorsque,
sortant en foule des casernes, les soldats de Lima se répandirent
dans les rues en criant : « Vengeance! vengeance! notre capitaine est assassiné! » Cependant, Arrechaga et les autres officiers
espagnols se tenaient tranquillement sur l'esplanade du palais,
et ce fut sous leurs yeux que commença le massacre. La solda-
tesque déchaînée rabattit sur la place les passants, heureusement
rares, qu'elle pouvait surprendre hors de leurs maisons à cette
heure de la journée, et plus de trois cents personnes, parmi
lesquelles un grand nombre d'enfants et de femmes, furent
égorgées en un instant. La tuerie ne céda qu'à l'appât du
pillage dont l'affolement général rendait l'occasion tentante.
Les massacreurs enfoncèrent les portes des magasins et des
maisons du quartier riche, les saccagèrent et revinrent aux
casernes si chargés de butin qu'ils en avaient abandonné leurs
armes.

   « Pendant ce temps, les soldats prisonniers, au nombre d'une

de son époque et les antérieurs, il impute aux
Espagnols le massacre de Quito dont il me semble,
d'autre part, que, faute de documentation, il
atténue le caractère de sauvagerie. Eh! non. Les
officiers espagnols, qui étaient en nombre infime,
n'ont eu que le tort — très grave, d'ailleurs, — de
laisser faire leurs soldats, en admettant, ce qui est
douteux, qu'ils aient eu la possibilité de les arrêter.
D'ailleurs, Mancini ne dit-il pas que l'Audience de
Santa-Fé instruisait régulièrement le procès des
soldats équatoriens révoltés ? Je ne connais pas cet
épisode dans tous ses détails ; mais il y a une chose
qu'on peut affirmer sans crainte de se tromper :
en 1810, la population et les soldats américains
de Quito furent massacrés par d'autres Américains et non par des Espagnols. Ces actes de
cruauté, dont tant de femmes et d'enfants inoffensifs furent les innocentes victimes, augmenta,
dit-on, la haine des Sud-Américains contre les
Espagnols leurs oppresseurs. On aurait mieux
fait de dire que ces atrocités donnèrent aux
habitants de l'Équateur — alors Présidence de
Quito — un motif de plus pour haïr les Péruviens. Car, dans ce chapitre d'histoire, il ne

centaine, et les patriotes étaient assassinés dans leurs cellules :
la plupart fusillés à bout portant. Morales, Quiroga, Salinas,
Riofrio et plusieurs autres achevés à coups de couteau et de
hache. » — JULES MANCINI, *Bolivar et l'émancipation des colonies
espagnoles*, pp. 303-304.

s'agit plus d'une de ces guerres civiles dont l'auteur
de *Césarisme démocratique* a si bien défini le caractère, mais d'un conflit, d'une haine entre deux
nations et même entre deux races, dont les causes
premières se perdent dans le passé de la préhis-
toire et, en tout cas, remontent à une période
antérieure à la découverte et à la conquête du
Pérou par les Espagnols. Rappelez-vous ! les Incas
conquérant un immense empire et soumettant les
peuples vaincus à leur régime théocratique et
communiste. Les habitants de la Présidence de
Quito — dont les descendants, Indiens de pur sang
ou métissés, forment les 83 p. 100 de la population
totale de l'Équateur actuel — étaient un de ces
peuples soumis. La descendance des vainqueurs
représente aujourd'hui les 34 p. 100 de la population du Pérou. La proportion était beaucoup
plus élevée au début du dix-neuvième siècle puisque le nombre des blancs a augmenté davantage
depuis. On nous dit bien que les peuples soumis
furent assimilés rapidement, qu'ils furent heureux sous l'autorité d'un pouvoir étranger et
absolu, et qu'ils bénirent le communisme et la
théocratie des Incas ; tout le monde le dit ou
l'écrit, moi-même après tant d'autres[1]. Mais je ne

1. « ...Ces résultats extraordinaires d'une organisation si parfaitement réglée ne sont obtenus que par une discipline sociale
minutieusement observée. Ce communisme est basé sur la théo-

suis plus si sûr que ce soit la vérité. De qui tenons-nous cette histoire dans laquelle la mythologie occupe une si grande place ? Pour les trois quarts au moins, de Garsilaso de la Vega, fils d'un conquistador et d'une indigène de la race impériale et théocratique des Incas. Tout naturellement, il a fait l'apologie de son illustre famille maternelle et de son gouvernement, et il a raconté, dans ses

cratie la plus pure. Le chef suprême, l'Inca, n'est pas seulement le représentant du Ciel, il est le fils du Soleil, dieu lui-même. et la moindre désobéissance à ses ordres est un sacrilège puni de mort...

« ...L'Empire est forcément conquérant et il se doit à lui-même de s'agrandir sans cesse pour faire participer des populations sans cesse plus nombreuses aux bienfaits de la religion solaire et de sa parfaite organisation. C'est le premier Inca, Manco Capac, qui s'est établi à Cuzco ; ses successeurs n'ont cessé d'arrondir l'Empire : le treizième Inca a étendu sa puissance jusqu'à Quito, sur l'Équateur, à 2 500 kilomètres au nord, et le quatorzième sur tout le Chili, à 1 000 kilomètres au sud ; le quinzième Inca, Atahualpa, dont l'Empire est actuellement partagé entre les quatre républiques du Pérou, de la Bolivie, de l'Équateur et du Chili, fut traîtreusement mis à mort par les Espagnols.

« Ainsi, la politique et la guerre ne cessaient d'étendre les frontières ; les peuples de récente annexion étaient gouvernés avec sagesse et humanité ; leurs dieux prenaient place dans le Panthéon de Cuzco, et ils pouvaient continuer à les adorer, tout en reconnaissant la souveraineté divine du Soleil.

« ...L'unité de croyance, de langage, de race, s'établissait et, sous la domination de l'Inca, une grande nation se créait ; au moment de l'arrivée des Espagnols, on peut évaluer sa population à environ quinze millions d'habitants, dont huit millions sur le territoire actuel du Pérou. » — Général Mangin, *Autour du Continent latin*, pp. 244-245.

Commentaires royaux, des légendes auxquelles il ajoutait lui-même foi... Dans ce numéro de la revue des étudiants de l'Équateur que vous m'avez prêté et que je vais vous rendre, l'étude sur « la nécessité de militariser le pays » est vraiment intéressante, bourrée de faits et de documents précieux. Entre autres phrases, j'ai cueilli les suivantes :

« Si nous ouvrons les pages de l'histoire américaine et si nous consultons le panaméricanisme si prôné et l'amitié du Pérou, la seule chose que nous tirerons au clair est celle-ci : la haine de ce pays contre les Équatoriens est ancestrale. La conquête des Shires par les Incas avec des massacres qui convertirent en sang l'eau des lacs ; puis la guerre civile entre les habitants de Quito et ceux de Cuzco causée par la jalousie et l'ambition de ceux-ci ; après cela, le fait que quelques éléments péruviens favorisèrent la conquête espagnole en servant de délateurs, d'espions, de guides et d'interprètes dans la marche sur Quito, telles sont les bases de la haine ancestrale. »

— Il serait intéressant de lire la thèse des Péruviens. Ceux-ci ne doivent pas manquer de dire que les compatriotes du président Leguia ne sont pas responsables des crimes de l'impérialisme du treizième Inca.

— Ni du massacre de Quito en 1810, dont l'histoire officielle, telle qu'on l'enseigne en France, au Pérou et peut-être à l'Équateur, fait les seuls Espagnols coupables. Même pendant les trois siècles de domination espagnole les conflits continuent, sur le terrain des intérêts, entre la vice-royauté de Lima et la Présidence de Quito, mais sans qu'on ait recours aux armes. L'autorité royale espagnole, héritière des Incas, maintient la paix. Mais dès que cette autorité s'effondre, l'empire tant de fois séculaire s'effrite — les Incas n'avaient donc pas scellé fortement l'unité — et se divise en quatre Républiques indépendantes qui, au cours du dix-neuvième siècle, se sont fait plusieurs fois la guerre et n'ont pas encore fini de régler leurs litiges de frontières. Enfin, espérons que tout cela se réglera pacifiquement et d'accord avec le Droit et la Justice, y compris les différends antérieurs à la conquête espagnole, de même que les conflits entre Germains et Gaulois antérieurs à l'ère chrétienne...

— ...Que tout se réglera sur les bords du lac de Genève ? Y croyez-vous, mon général ?

— Il faut essayer de croire, d'espérer. Cela ne peut faire aucun mal..... à la condition de se tenir prêt à toutes éventualités, comme si la Société des Nations était vouée à une irrémédiable impuissance.

— C'est, je crois, ce qu'on fait en Amérique.

— Et en Europe, donc !

IX

Le vainqueur d'Ayacucho et son ascendance française. —
Un projet de collaboration. — La campagne de Carabobo.
— Le llanero, sa lance et son cheval.

Dès les premiers mois de 1924, le général
Mangin songeait, comme on l'a vu par la lettre
qu'il m'adressa au début de nos relations, à écrire
une étude sur Bolivar et m'avait laissé l'annoncer
dans la *Revue française*. Il ne s'agissait, en principe, que d'un article de cinquante pages au plus
qui aurait été publié dans une revue ; mais, même
dans un cas pareil, les ouvrages de seconde main
ne lui suffisaient pas, il voulait remonter aux
sources de l'histoire et il me faisait l'honneur de
compter sur moi pour l'aider à se documenter.
D'autres sujets d'études le tentaient ; il les aurait
traités ensuite, de manière à réunir tout un
volume sur l'Amérique du Sud dans le genre de
celui qu'il a publié sous ce titre : *Des hommes et
des faits*, pour la France.

— Lorsque j'aurai terminé mes travaux en
cours, me disait-il, j'étudierai, outre Bolivar et

San Martin, Miranda, lord Cochrane, Antonio José de Sucre et, dans l'histoire de la seconde moitié du dix-neuvième siècle, le Paraguayen Solano López.

Sucre était, après Bolivar, le héros de la guerre de l'Indépendance qu'il admirait le plus. Il est mort trop tôt pour donner suite à tous ces projets et pour rendre, en particulier, au vainqueur d'Ayacucho un hommage digne de lui. Du moins, dans son article de la *Revue de l'Amérique latine*, qui aurait fait partie du volume projeté, Sucre a la place d'honneur qui lui convient. Mangin, à la fin de cette étude, cite deux fragments de la lettre du vainqueur à son chef :

« Mon général — écrit Sucre à Bolivar le lendemain de la bataille — la guerre est terminée et complétée par la liberté du Pérou. Rien ne peut me rendre plus content que d'avoir rempli la mission dont vous m'aviez chargé. L'autorisation que m'avait apportée Medina de livrer une bataille m'a délivré de mes angoisses, car dans la retraite des environs de Cuzco jusqu'à Huamanga en vue de l'ennemi et obligés que nous étions de nous battre tous les jours, mon esprit a souffert beaucoup, beaucoup, j'ai eu à réfléchir beaucoup et ma tête a trop souffert.

« ... Adieu, mon général, cette lettre est très mal écrite et toutes les idées en sont embrouillées ;

mais elle vaut quelque chose en soi : elle contient la nouvelle d'une grande victoire et la liberté du Pérou. En récompense pour moi, je demande que vous me conserviez votre amitié. »

Mangin commente et conclut :

« On ne peut annoncer avec une plus charmante modestie un grand événement dont on est le héros. Et cette modestie n'est pas feinte. Antonio-José de Sucre, désormais grand-maréchal d'Ayacucho, est âgé de vingt-neuf ans ; il n'a cessé de servir sous les ordres directs de Bolivar pour qui il professe une admiration et un dévouement sans bornes. Même après que le Libérateur lui a cédé le commandement en chef de l'armée, malgré sa jeunesse et parce qu'il le juge le plus digne, il se considère toujours comme un lieutenant aux ordres de son chef. Dans la suite, il ne pourra donner tout ce que ceux qui le connaissent attendent de ses très hautes qualités de militaire, de politique, d'administrateur et de ses vertus civiques, car, après une présidence éphémère de la République de Bolivie, il mourra lâchement assassiné, six ans après Ayacucho. C'est un personnage de second plan. Les rôles d'un Bolivar et d'un San Martin sont incomparablement supérieurs au sien ; mais ces deux grands libérateurs sont, aujourd'hui encore, discutés ; ils ont même des détracteurs passionnés. Dans les mémoires de l'époque, des accusations sont portées contre d'autres généraux et hommes politiques de premier et de second plan ; l'histoire, plus ou moins impartiale, en enregistre quelques-unes. Rien de pareil au sujet d'Antonio-José de Sucre qui est le plus grand honneur du Vénézuéla si Bolivar est sa plus haute gloire. L'accord est unanime. Il n'y a pas une seule tache dans cette trop courte existence, toute de noblesse, de grandeur d'âme, de pureté et d'abnégation. Et c'est sans doute pour cela que le Destin a voulu que son nom fût associé dans l'immortalité à celui d'Ayacucho. »

J'ai procuré au général Mangin des documents qui ne pouvaient figurer dans cet article, mais qu'il se propose d'utiliser dans l'étude qu'il consacrera au vainqueur d'Ayacucho.

— Savez-vous, mon général, lui dis-je un jour, que le Vénézuélien qui porte ce nom d'apparence plébéienne et un peu bizarre de Sucre appartient, comme Bolivar à qui, d'ailleurs, il était apparenté, à une très vieille famille noble et qu'en outre il est d'origine française ?

Mangin lève la tête, surpris, et m'interroge du regard. Je lui résume mon petit dossier :

Le grand ancêtre est, au quatorzième siècle, Godefroy de Succre, vicomte de Toulouse, conseiller de Philippe VI de Valois, roi de France. Au siècle suivant, son descendant, Claude de Succre, seigneur de Wadeigns et de Querberghe, est établi en Flandre ; Jacques, fils de Claude, ajoute à ces titres celui de seigneur de Bellaing, hérité de sa mère. Dès lors, la famille des Sucre (écrit avec un seul *c* dans les documents espagnols) ne cesse de jouer un rôle important dans l'histoire civile et militaire de l'Espagne en Flandre, dans la péninsule et au Nouveau Monde. Au dix-septième siècle, Carlos Adrian de Sucre, marquis de Preux, fut lieutenant général des armées royales, membre du Suprême Conseil de la Guerre, capitaine général des Montagnes de Catalogne et de la province de Carthagène des Indes. Il servit Sa Majesté dans ses armées pendant soixante-deux ans, dit un document des Archives de Séville ; et cela fait penser au vieux Lusignan de la tragédie de Voltaire :

Mon Dieu, j'ai combattu soixante ans pour ta gloire !

Un de ses fils fait la guerre en Italie, puis en Amérique, où il est nommé gouverneur des provinces de la Nouvelle-Andalousie et de la Guyane. Voilà la famille définitivement établie au Vénézuéla, en 1733, où Antonio-José de Sucre naîtra, à Cumana, en 1795. Entre ces deux dates, la descendance de Godefroy de Sucre, vicomte de Toulouse, donne à la couronne d'Espagne et à l'Amérique des administrateurs, des conquistadors, des colonisateurs, des fondateurs de villes. Les

autres branches de l'arbre généalogique du vainqueur d'Ayacucho ne sont pas moins illustres...

— Et dire, s'écrie Mangin, que tant d'historiens
européens affectent de mépriser un Bolivar et un
Sucre qu'ils considèrent comme des mulâtres
grotesques, ignorants et demi-barbares ! Ce sont,
au contraire, de magnifiques exemples de la continuité de belles familles de conquérants et de civili-
sateurs. En eux, Sucre et Bolivar réunissent toutes
les vertus civiques et militaires de leurs ancêtres,
en remontant jusqu'au moyen âge et sans doute
plus loin encore. Que de surprises on a, à mesure
qu'on étudie cette histoire de l'émancipation sud-
américaine ! La qualité des chefs, surtout des Vénézuéliens, en est une. Ils avaient non seulement la
vaillance et les sentiments de l'honneur et du
devoir comme leurs ancêtres, mais encore ils
étaient, comme eux, de vrais chefs, des techniciens habiles dans l'art de la guerre, de grands
stratèges. C'est une des différences qu'il y a et qui
n'a pas été remarquée, à ma connaissance du
moins, entre l'Amérique espagnole et l'anglo-
saxonne. Dans la guerre de l'Indépendance des
États-Unis, il n'y eut pas un grand général américain, un grand technicien qu'on puisse comparer
à Bolivar, à Sucre, à San Martin et peut-être à
quelques autres Sud-Américains de moindre
envergure..,

— Sans aucun doute.

— Et n'est-ce pas un légitime sujet d'orgueil pour notre race qu'un beau et vieux sang français coulât dans les veines de cet admirable Antonio José de Sucre ?

— Heureusement, mon général, Sucre est inséparable de Bolivar ; sinon, il y aurait à craindre qu'il ne vous détournât de l'étude de celui-ci.

*
* *

Ah ! non, rien ne détournera Mangin de l'étude de Bolivar ni, par conséquent, de celle de son lieutenant. D'une semaine à l'autre, le travail auquel il a songé prend dans son esprit une ampleur de plus en plus grande et finit par devenir, d'une manière plus ou moins directe, presque l'unique sujet de nos entretiens, celui auquel on revient immanquablement très vite lorsqu'on a débuté par un autre. Insensiblement, il en arrive, un jour, à se demander devant moi s'il n'entreprendra pas d'écrire tout un ouvrage sur les guerres de l'Indépendance hispano-américaine et le génie militaire de Bolivar, et il m'explique les raisons qui l'y poussent.

— Un génie de conquérant quel qu'il soit, qu'il se nomme Jules César ou Tamerlan, me dit-il, une grande campagne militaire même au moyen âge et dans l'antiquité sont intéressants pour les techniciens, et on peut trouver des leçons et des exemples partout. Mais les campagnes de Bolivar, du plus agile des conquérants et des plus agiles des soldats, se sont déroulées dans des conditions telles, surtout au point de vue géographique, qu'elles constituent une surprenante originalité, un chapitre à part de l'histoire militaire du monde, et un chapitre des plus compliqués à cause des nombreux problèmes qu'elles soulèvent. Des enseignements précieux peuvent découler de leur étude. Qui sait si on n'aura pas, tôt ou tard, à les utiliser ? Oh ! pas au bord de la Marne, du Rhin ou de la Vistule... Mais on ne sait pas où nos fils et petits-fils peuvent être obligés d'aller se battre s'il y a encore une guerre universelle qui jette la moitié des nations les unes contre les autres. En outre, l'étude, au point de vue purement spéculatif, mérite d'être faite. Je ne sais si elle a été écrite en allemand ou en anglais ; mais en français elle n'existe pas...

— En espagnol, il y a des travaux fragmentaires, des monographies de batailles et d'épisodes régionaux, mais je ne crois pas qu'on ait fait, même en Amérique, le grand ouvrage complet... que vous seriez capable de faire, mon général...

Le général lève les bras au ciel.

— Mais le temps ! Comment voulez-vous que je

trouve le temps, même en consacrant à ce livre mes loisirs de plusieurs années ! Et pourquoi pas vous ?

Je me récrie et me récuse : je ne suis pas un spécialiste des questions militaires, et c'est un spécialiste qu'il faut. Mais il y a un travail préparatoire très long dont je puis me charger : réunir tous les documents, officiels et autres, les classer, les résumer, en traduire des extraits ; j'en connais déjà un grand nombre puisque j'ai lu les trente-deux volumes d'O'Leary et d'autres ouvrages et collections, et que j'ai recueilli des notes un peu partout ; en cas de besoin, et je crois qu'il le faudra, aller faire des recherches dans les archives d'Espagne ; se mettre en relations avec l'Académie de l'histoire du Vénézuéla qui pourra certainement nous communiquer des pièces intéressantes, des inédits peut-être, des plans, des cartes, etc. J'énumère à Mangin, avec la chaleur dont je suis capable, tout ce que je puis lui apporter d'aide matérielle dans la préparation de l'œuvre. Il se décide enfin. Il me fait l'honneur de me dire qu'il fera l'ouvrage avec ma collaboration. Disons, plutôt, que je serai son secrétaire.

Il se mettra au travail dans le courant de l'été, lorsqu'une grande partie de la documentation aura été classée et analysée. En attendant, nous continuerons de vagabonder dans les champs de l'histoire, au hasard de nos lectures et des réflexions qui nous viendront à l'esprit.

*
* *

Je porte cette bonne nouvelle à notre ami commun, M. Barceló, qui n'en est pas surpris : il s'y attendait, car il a vu grandir l'intérêt que le général porte à sa patrie vénézuélienne, à ses héros et au Libérateur. Naturellement, il se met à notre disposition pour faciliter mes investigations.

— Tenez, me dit-il, l'étude technique de la campagne de Carabobo et de la brillante victoire qui la termine a été faite, et très bien faite, il y a quelques années, par un colonel vénézuélien.

Et il me remet l'ouvrage, un grand et gros volume : *La Campaña de Carabobo*, par le colonel Arturo Santana. Quelques jours après, je le montre à Mangin pour lui donner une première et bonne idée de la documentation que je commence à réunir. Il faut battre le fer quand il est chaud. Le général parcourt rapidement le livre : quatre cents pages !

— Très bien ! me dit-il. De nombreuses cartes géographiques détaillées, les itinéraires des divers corps d'armée républicains et royalistes, des plans de batailles, des photographies de terrains où les actions se sont déroulées : tout cela est indispensable à l'intelligence des opérations et nous ne pourrions pas les étudier sérieusement sans cette aide.

Il lit quelques paragraphes du récit de la bataille, puis se reporte à l'un des plans et me dit :

— Bolivar me semble avoir appliqué, en cette journée, les principes de la tactique napoléonienne.

— C'est justement ce qu'explique un autre écrivain militaire vénézuélien qui a fait une étude de la bataille de Carabobo [1].

*
* *

Tout en continuant de feuilleter l'ouvrage du colonel Santana, le mot *llaneros* retient son regard et il lit toute la page qui est une citation des Mémoires d'un officier de la Légion britannique :

« Les *llaneros* montent des chevaux qui, accou-

---

1. « Sans aucun doute, Bolivar avait étudié la tactique de Napoléon et il appliqua correctement ses règles à Carabobo, en modifiant ainsi les principes du roi de Prusse. En effet : il entrava la liberté d'action de La Torre en le fixant à Carabobo ; il réserva ses mouvements, en ne déployant qu'un petit nombre de ses forces ; se souvenant d'Austerlitz, il ordonne à Páez de faire front à l'ennemi avec sa division seulement, afin d'avoir le temps d'amener d'autres corps au champ de bataille tandis que l'ennemi serait occupé à détruire les troupes de Páez ; il attire l'ennemi au combat où il veut et non où il est attendu ; il l'oblige à changer de front, et enfin il le met dans la nécessité de diviser ses forces pour protéger trois points d'où cet ennemi croit que viendra l'attaque... » (Lino Duarte Level : *Cuadros de la historia militar y civil de Venezuela.*)

tumés à souffrir la faim et la fatigue, sont les animaux les plus utiles et les plus résistants du monde.
Ils apprennent à exécuter tout ce que veulent
leurs maîtres. Dans les champs ou à la chasse,
cheval et cavalier paraissent agir sous une même
impulsion, car la sagacité du premier lui fait comprendre le plus léger mouvement du second. Les
llaneros sont mal vêtus et mal équipés, comme les
guerrillas que commande le colonel Montes ; mais
ils sont beaucoup plus vaillants que ceux-ci et
meilleurs dans les opérations militaires ; ils sont
adroits et actifs, et quel que soit le mouvement
qu'on leur commande, ils l'exécutent avec une
stupéfiante célérité. Leur arme unique est la lance,
dont la hampe, faite d'un bois léger et élastique,
mais fort et durable, mesure de neuf à dix pieds
de long. Le fer de la lance n'est pas comme celui
de la cavalerie européenne, mais il a la forme d'un
grand coutelas dont les tranchants sont aussi bien
aiguisés que celui d'un rasoir de bonne qualité
quant au métal et à la trempe. Ils fixent le fer
avec des courroies de cuir qu'on serre à la hampe
du point d'emboîture jusqu'à huit pouces plus bas.
Le *llanero* donne à ses fils, lorsqu'ils sont encore
tout petits, une lance courte pour les habituer à la
manier, et, avant d'être admis dans l'armée, il
faut qu'ils soient bien instruits dans l'usage de
cette arme, qu'ils sachent dompter un cheval sau-

vage qui n'ait jamais été monté et qu'après lui
avoir mis le mors dur et grand d'usage, ils puissent
s'élancer immédiatement dans la campagne. Aussi
commencent-ils à devenir des cavaliers dès le
moment qu'ils peuvent monter sur le cheval de
leur père...

« La manière de se battre des *llaneros* consiste
à faire des charges répétées, avec la plus grande
intrépidité, contre la partie la plus dense des files
ennemies, jusqu'à ce qu'ils parviennent à y mettre
le désordre et alors ils brisent tout ce qui se trouve
autour d'eux... [1] »

Un autre jour, après lecture d'une autre citation
de cet ouvrage anglais trouvée dans l'*Autobio-
graphie* du général Páez, et se souvenant des pages
d'O'Leary, Mangin me dit :

— Voyez-vous, les libérateurs de l'Amérique du
Sud, ce sont les *llaneros*, ou, du moins, c'est leur
troupe qui a porté à la puissance espagnole les
coups les plus terribles, les plus décisifs. Il devrait
y avoir une statue du *llanero* dans chaque capitale hispano-américaine. Imaginez ce cavalier
farouche, demi-nu, la lance au poing, sur son
cheval au galop, taillé dans la pierre ou coulé dans
le bronze par un sculpteur comme Bourdelle !

1. *Recollection of a service of three years during the war of
extermination into the Republica of Venezuela and Colombia*
(London, 1828),

— L'apothéose du *llanero* et aussi, par ana-
logie, celle du *gaucho*, ne croyez-vous pas, mon
général, que cela ferait mauvais effet et serait un
exemple dangereux ?

— Pourquoi donc ?

— Après avoir été les héros de la guerre de l'Indépendance, ils se sont également distingués, si l'on
peut dire, dans la vie politique de leur pays, dans
la lutte des partis, et pas toujours d'une manière
scrupuleusement constitutionnelle. Les *llaneros*
ont causé bien des tracas aux gouvernements vénézuéliens.

— Sans doute, sans doute. Mais les vrais et surtout les grands coupables ne sont pas eux ; ce sont
des gens de la ville qui leur bourraient le crâne
et exploitaient leurs instincts, qui leur avaient fait
des promesses impossibles à tenir, ce sont les idéo-
logues et les farceurs fabricants ou importateurs
de Constitutions. Il ne faut pas semer le vent, ni
jouer avec les allumettes, ni réveiller le diable
que tout homme porte en soi. Aussi, des pays
d'Amérique où il n'y a ni *gauchos* ni *llaneros* ont
été autant bouleversés que le Vénézuéla pendant
tout le dix-neuvième siècle. Ne soyons donc pas
trop sévères pour les centaures du général Páez.
En somme, après avoir fait la guerre — et quelle
guerre ! — ils furent, eux aussi, des victimes de
la paix et du parlementarisme.

X

— Mon général, voici un extrait d'un journal allemand du temps de la guerre, que j'ai trouvé reproduit dans un journal espagnol de la même époque, qui faisait l'apologie de l'esprit méthodique de nos ennemis et de l'ingéniosité de leurs chefs à trouver des *ersatz* :

« Les moyens qu'il employa pour suppléer au manque des matériaux nécessaires à la fabrication de certains objets paraîtront incroyables. Par exemple, pour faire des cantines, il fit recueillir tous les articles en feuilles de laiton et les cages en fils de fer qu'on put trouver à plusieurs lieues à la ronde. Il manquait de l'étain pour le souder. Mais il advint qu'un jour, en se levant de son siège, il déchira son pantalon à un clou, l'examina à l'instant et vit qu'il était du métal dont on avait besoin. Est-il besoin de dire que, le lendemain, il ne restait plus, dans aucune maison, ni dans aucune église de la ville, une seule chaise avec des clous d'étain ?... »

— Je vous vois venir, dit Mangin qui m'interrompt ; l'article va donner d'autres exemples de fabrication d'*ersatz* encore plus ingénieux, fera l'éloge de la méthode des Allemands et de l'application de leurs savants et de leurs généraux à l'étude et à la solution des moindres détails, et se terminera par cette exclamation : « Ce ne sont pas les peuples latins qui ont de pareilles qualités ! » Vraiment, mon cher ami, ces bobards ont-ils prise sur vous ? Ne savez-vous pas que, pendant la guerre, les Français, depuis les commandants de corps d'armée jusqu'aux simples soldats, ont égalé les Allemands sur certains points et les ont surpassés sur d'autres, y compris ceux dont parle ce journaliste espagnol ?

— Non, mon général, je ne me laisse pas prendre à ces raisonnements. Mais j'ai fait cette lecture à plusieurs de mes amis ou connaissances qui, tous, ont fait les mêmes réflexions sur les qualités qu'ont les Allemands et qui manquent aux Latins, aux Français en particulier. Or, je leur avais tendu un piège et quand je leur ai dit la vérité, après les avoir bien laissé marcher, ils ont ri de bon cœur. Excusez-moi d'avoir usé de la même supercherie envers vous ; mais j'étais sûr que vous ne tombe-

riez pas dans le panneau. Cette anecdote ne se
passe pas en Europe pendant la grande Guerre,
mais en Amérique du Sud, au Pérou, lorsque son
« Protecteur » San Martin le quitta, au Pérou complètement ruiné, menacé d'une famine qui, déjà,
se fait sentir jusque dans l'armée, poussé au bord
de l'abîme par les calamités réunies de la démagogie parlementaire, de l'anarchie, de la guerre
nationale et de la guerre des partis. Le général en
question n'est donc pas un Allemand ni un Anglo-
Saxon, mais un pur latin d'origine espagnole,
Bolivar ; j'ai pris la citation non dans un journal,
mais dans les *Mémoires* de Daniel O'Leary.

— C'est amusant ! Je n'avais pas encore lu cette
page, car je m'en serais souvenu. Et maintenant,
achevez votre citation.

— Ce que je vous ai lu est une traduction
exacte ; je n'ai omis qu'un mot : le nom de la
ville : Trujillo. O'Leary ajoute : « Il enseignait
lui-même la manière de faire les fers à cheval et
de mélanger les différentes sortes de fers. Il donnait les moules pour la coupe des uniformes afin
d'économiser la toile, et des instructions pour la
teindre : « Pour les fers à cheval espagnols, écrivait-il à Sucre, le clou doit avoir deux pouces,
sans compter la tête ; celle-ci doit être très forte
afin de supporter, à la place du fer à cheval, toute
l'usure extérieure, car, faisant saillie, il doit

frapper davantage sur les pierres et sur le terrain. Pour les fers à cheval anglais, le clou doit avoir deux pouces, mais être plus fin, parce que la plus grande partie de sa tête y reste serrée dans une petite rainure. Il doit être en fer doux de Biscaye ; pour l'essayer, il faut le tordre et le doubler, et s'il se rompt il ne vaut rien. » Jamais on n'avait vu personne déployer tant d'activité et jamais le résultat ne répondit mieux aux efforts accomplis. Un mois avant, on manquait de tout ; maintenant, tout était prêt. C'était comme si on se fût servi d'une baguette magique ou comme si, de la tête d'un nouveau Jupiter, on eût fait sortir, non une nouvelle Pallas armée de pied en cap, mais des milliers de guerriers. »

*
* *

— Mon cher ami, si le mot de miracle peut être employé pour qualifier certaines grandes prouesses étonnantes de l'histoire, il est évident que le redressement accompli au Pérou par Bolivar, et qui rendaient possibles les deux coups de foudre de Junin et d'Ayacucho, mérite d'être appelé miraculeux ; tous les contemporains le croyaient irréalisable, et nous-mêmes, après un siècle écoulé, nous en sommes stupéfiés. Ce cerveau, prodigieux autant par son imagination qui était parfois celle

d'un voyant ou d'un poète que par son activité
dévorante et son intelligence, a eu d'autres grandes
et belles conceptions qu'il n'a pu mener à bonne
fin. Mais les projets des hommes de génie, même
lorsqu'ils échouent, sont intéressants, et quelque-
fois passionnants à étudier, surtout lorsque le
manque de réalisation ne peut leur être imputé.
Bolivar a échoué dans son projet de donner à son
pays des institutions politiques et sociales qui
auraient assuré la paix intérieure et la prospérité.
L'anarchie et la longue période de révolutions
commencées de son vivant même prouvent combien il avait raison. L'enseignement qui se dégage
de ses écrits subsiste, il n'a rien perdu de sa
valeur.

— Dans sa fameuse lettre prophétique de 1815,
il avait prévu tout un siècle de troubles pour les
Républiques hispano-américaines dont la plupart
n'existaient pas encore, et les autres luttaient
encore pour conquérir leur indépendance. Comme
homme politique, il s'est heurté à un inexorable et
logique Fatum.

— Autre échec : le Congrès de Panama dont il
aurait voulu faire une Société des Nations américaines. Les manœuvres du gouvernement des
États-Unis et l'abstention de quelques pays sud-
américains l'empêchèrent d'aboutir. Mais l'idée
devait être reprise à la fin du dix-neuvième siècle.

Pendant ces dernières années, le projet bolivarien est redevenu d'actualité; on lui a consacré des articles de journaux, de revues, et même des livres, à cause de ses analogies avec la Société genevoise; mais tous les pays du monde, et non pas seulement d'un continent, sont appelés à faire partie de celle-ci.

— Bolivar voulait aussi les appeler tous. Il le dit très explicitement dans la même fameuse lettre de 1815. Une seule différence. C'est à Panama et non à Genève que la Société des Nations se réunira, à Panama qui, après le percement du canal — car il a prédit aussi cela — deviendra la capitale du monde.

En effet, Bolivar a écrit :

« Les États de l'isthme de Panama, jusqu'au Guatémala, formeront peut-être une confédération. Cette magnifique position entre deux mers pourra être, avec le temps, l'emporium de l'univers; ses canaux raccourciront les distances du monde, resserreront les liens commerciaux de l'Europe, de l'Amérique et de l'Asie et apporteront à cette heureuse région les tributs des quatre parties du globe. Peut-être est-ce là seulement que pourra être fixée un jour la capitale de la terre, comme Constantin voulut que Byzance fût pour nous ce que celui de Corinthe fut pour les Grecs. Plaise au ciel que nous ayons un jour le bonheur d'y installer

un auguste Congrès des représentants des républiques, royaumes et empires, pour y traiter et
discuter les hauts intérêts de la paix et de la
guerre avec les nations des trois autres parties du
monde. »

— Autre projet, reprend Mangin, non suivi
d'exécution et qui nous intéresse tout particulièrement puisque c'est surtout Bolivar militaire que
nous nous proposons d'étudier. Après avoir achevé
de chasser les Espagnols du Continent, il eut
l'idée d'aller compléter ses victoires par la déli-
vrance de Cuba et de Puerto-Rico. Il y renonça
parce qu'il comprit, et peut-être même lui fit-on
savoir, que les États-Unis s'y opposeraient. Car
la doctrine ou mythe de Monroë respectait les
droits de l'Espagne sur les possessions qu'elle avait
encore et dont les Nord-Américains se réservaient
d'être les héritiers... quand le moment serait venu.
Or, il est venu. Puerto-Rico est une colonie des
États-Unis ; Cuba est une république indépendante
mais contrôlée par Washington qui, par traité, y
a des droits d'intervention. D'autre part, le gouvernement yanqui est, en fait, le maître des deux
républiques de l'île d'Haïti, et il l'a bien fait voir
en les occupant militairement. Mais, à propos !
Éloignons-nous un petit instant des projets de
Bolivar, pour remarquer que l'archipel des Antilles
commande l'entrée du golfe du Mexique qui bai-

gne les États-Unis, et aussi l'entrée orientale du canal de Panama. Ce groupe d'îles est un des points stratégiques et économiques les plus importants du monde entier.

— Donc, gare à notre Guadeloupe et à notre Martinique !

— Vous l'avez dit. Chez nous, des journalistes ont proposé plusieurs fois de les vendre. Si quelque jour cette proposition était prise au sérieux — ce qu'à Dieu ne plaise ! — vous verriez que pour l'évaluation du prix on ne considérait que l'étendue du territoire et la richesse du sol et du sous-sol, et qu'on ne tiendrait aucun compte de leur valeur militaire. A l'ouest du canal, il y a un tout petit groupe d'îles qui est loin de valoir les Antilles par leur superficie et leurs ressources, qu'elles seraient tout à fait négligeables, si elles ne constituaient pas, elles aussi, des points stratégiques de premier ordre.

— L'archipel des Galápagos, qui appartient à la République de l'Équateur.

— Raison à joindre à celles que nous avons énoncées pour que l'Équateur soit entraîné dans la guerre du Pacifique, si elle éclate. Il le sera de gré ou de force. S'il reste neutre, l'un des deux belligérants se hâtera de mettre la main sur l'archipel ; et alors, il sera dans la même situation que la Belgique en 1914, avec cette différence qu'il ne

pourra pas défendre ses îles puisqu'il n'a pas de
marine ; il est vrai aussi que son territoire continental ne sera pas ravagé et qu'il ne prendra point
part à la guerre.

— Il vaudrait mieux, pour lui, qu'il prît parti
et se liât d'avance par un traité...

— Pourvu qu'il s'alliât avec le futur vainqueur !
Mais peut-on savoir qui le sera ? Sur ce, revenons
aux projets de Bolivar. Le plus surprenant de tout,
c'est que, non content de vouloir délivrer Cuba
et Puerto-Rico, il ait songé à aller porter la guerre
en Espagne, c'est-à-dire à y opérer un débarquement et se joindre aux libéraux pour renverser la
monarchie. C'eût été fantastique. Le retour des
conquistadors, en la personne de leurs descendants,
et la conquête, par eux, de la vieille mère-patrie !
Il fallait l'imagination ardente de Bolivar pour
concevoir une pareille aventure ; mais comme,
d'autre part, il était un homme de réflexion et que
tous ses plans étaient sagement étudiés, mûris,
s'il a eu quelque temps cette idée, c'est que l'entreprise lui est apparue possible. D'une possibilité
entrevue au désir d'une réalisation et à la préparation de celle-ci, il n'y a pas loin, avec un esprit
prompt comme le sien.

— L'entreprise est restée un projet sans suite
pour les mêmes raisons qui ont fait échouer
l'homme politique : le torrent dévastateur de la

démagogie et de l'anarchie que nulle puissance ne pouvait arrêter, les troubles intérieurs, la guerre civile. Ajoutez à cela la ruine générale du pays et celle de l'État, le Trésor public à sec. Mais l'aventure n'aurait pas été folle, comme on pourrait le croire au premier abord. Bolivar ne songeait nullement à conquérir l'Espagne pour en faire une colonie de la Colombie, ce qui eût été le comble de de l'absurdité dans la mégalomanie. Il s'agissait tout simplement d'aller au secours des libéraux espagnols et de proclamer la République à Madrid. Quelques milliers d'Américains débarquant brusquement dans un petit port ; dans la région, deux ou trois régiments espagnols dont les officiers auraient été gagnés d'avance à la cause républicaine, ce qui eût été facile : bon nombre d'officiers supérieurs étaient libéraux et francs-maçons, et quelques années auparavant tout un corps expéditionnaire, à la veille de son départ pour l'Amérique, avait refusé de s'embarquer et fait une révolution.. Bolivar réussissant à mettre le pied sur le sol espagnol avec ses vétérans se serait donc trouvé sur un terrain favorable... Bon ! voilà que nous refaisons son plan et ses raisonnements. Le malheur pour lui est que, s'il avait son génie et des hommes, il lui manquait de l'argent et une flotte...

— Oh ! les navires nécessaires au transport des quatre ou cinq mille hommes qui lui auraient suffi, il les aurait eus sans peine et gratuitement. Les aventuriers de la mer, les pirates et les corsaires n'ont jamais chômé dans les eaux américaines, ni pendant les trois siècles de domination espagnole, ni pendant les guerres de l'Indépendance.

— Précisément, voilà encore une des questions auxquelles j'ai songé : le rôle des navires de guerre, corsaires ou réguliers, en mer et sur les larges fleuves, dans les luttes pour l'émancipation. Sans doute, ce rôle est-il d'une importance bien inférieure à celui des armées de terre, mais ce n'est pas une raison pour les négliger. Dans les ouvrages, peu nombreux, il est vrai, que j'ai lus jusqu'ici, il en est peu parlé.

— Le regretté Jules Mancini s'en était préoccupé. J'ai su que lorsqu'une mort prématurée vint mettre fin à ses travaux, il avait déjà recueilli toute une documentation, en grande partie inédite, sur ce sujet. Où est-elle, et l'a-t-on conservée ? Je n'en sais rien. Mais il ne serait pas difficile de la reconstituer en allant aux mêmes sources, et même de l'enrichir en recourant à d'autres où il n'avait peut-être pas puisé encore, à Séville surtout. Pendant le court séjour que j'ai fait à Séville, j'ai fait, dans les Archives des Indes, quelques découvertes fort curieuses sur la guerre de courses.

— Apportez-les-moi donc.

Quelques jours après je communiquai au général Mangin les copies que j'avais prises de ces documents qui, vraisemblablement, sont encore inédits. Le premier en date m'a plongé dans l'étonnement. C'est une patente de course délivrée en décembre 1814, par Juan Antonio Silva, citoyen des États-Unis du Vénézuéla, président du gouvernement suprême de l'île de Margarita. Cette année est la plus terrible de l'histoire du Vénézuéla. Les hordes royalistes ont mis la République au tombeau et exercent partout de sanglantes représailles. Rien de plus effrayant que le tableau que font de l'état des provinces vénézuéliennes les contemporains, tant républicains que royalistes : « Ces provinces n'existent plus, écrit l'un de ces derniers dans un rapport officiel ; les cités où vivaient des milliers d'habitants n'en comptent plus qu'une centaine, beaucoup ont disparu. Je viens de parcourir des chemins couverts de mourants, de cadavres et d'ossements sans sépulture. Des amas de cendres marquent l'emplacement des villages. La trace des terres cultivées s'est effacée. Les temples souillés s'écroulent ; le sang, de tous côtés, ruisselle. Je n'ose vous décrire tout ce que j'ai vu et tout ce que j'ai éprouvé[1]. »

L'indomptable Bolivar, qui a pris le chemin de

1. Rapport de José Manuel de Oropesa, auditeur de la capitainerie générale du Vénézuéla.

l'exil, ne désespère pas. Il écrit dans une proclamation datée du 7 septembre 1814 : « Je vous jure,
mes chers compatriotes, que le glorieux titre
d'Affranchisseur par lequel vos suffrages recon-
naissants ont couronné mes efforts ne m'a pas en
vain été décerné. Je vous fais serment que, vivant
pour vous affranchir ou mourant à la tâche, je
saurai le mériter toujours. Il n'y a pas de puissance au monde capable de m'arrêter sur la route
où je suis engagé... Dieu réserve la victoire à la
constance. » Et il tiendra son serment.

Il reste un petit foyer de résistance, la République a encore une citadelle : l'île de Margarita,
habitée par des pêcheurs pauvres, héroïques et
barbares. Les capitaines des navires qui peuvent
être armés et porter un équipage assez nombreux
vont, munis d'une patente en règle, à la chasse
des bâtiments espagnols :

« Nous lui avons concédé et concédons la présente patente de course qui sera valable pendant
trois mois. Nous l'avons autorisé et autorisons par
là même à poursuivre et à capturer en pleine mer
tous les navires espagnols qu'il rencontrera ; à les
attaquer sur les fleuves, dans les rades et les ports
sujets à la juridiction de notre gouvernement ; à
débarquer dans les localités et à faire prisonniers
leurs habitants.

« Nous lui ordonnons expressément, sous les

peines les plus sévères, de soutenir l'honneur et la bonne réputation du pavillon de l'Indépendance, et de ne molester en aucune manière les navires et vassaux des nations qui sont en paix et amitié avec nous, mais, au contraire, de leur venir en aide en cas de naufrage ou dans tout autre malheur ; et nous le rendons responsable, devant la loi, de tout abus de la force ou acte d'injustice qu'il pourrait commettre ou permettre que commît son équipage... »

Pour délivrer cette patente, le président de Margarita se base sur le droit naturel de défense et de représailles et sur la justice de la cause de l'Indépendance, et il décide de combattre l'ennemi avec les mêmes armes dont celui-ci s'est inhumainement servi, et de lui faire « une guerre de destruction ».

C'est daté du « Palais du Gouvernement, le 30 décembre de l'an 1814, 4e de l'Indépendance ».

Quel « palais » devait être celui de ce gouvernement ! Et, dans les circonstances où l'on se trouvait, cela ne manquait pas d'allure.

Que le chef du gouvernement de Margarita ait délivré des patentes de corsaires, il n'y a là rien d'extraordinaire. L'étonnant est qu'en tête du document se trouvent ces deux mots imprimés en gros caractères : *República Colombiana*. En 1814 ! D'après tous les livres d'histoire et documents officiels que j'ai lus, la République de Colombie fut

fondée en 1819 par l'union du Vénézuéla et de la
Nouvelle-Grenade, sur la proposition de Bolivar, qui
fut son premier président. Or, d'après le document
dont je crois être le découvreur, elle existait cinq
ans auparavant. Des pêcheurs, des corsaires
l'avaient proclamée dans leur île. Oh! elle n'avait
pas tous les rouages administratifs, judiciaires et
gouvernementaux d'un État, mais enfin, elle existait
et faisait acte de souveraineté ; et elle avait, outre
son président, un ministre de la Guerre et de la
Marine, et un tribunal maritime enregistrant les
patentes de course, ainsi qu'en fait foi celle que
j'ai sous les yeux.

Les autres documents dont j'ai pris des copies à
Séville sont de l'année 1826 et prouvent que le projet bolivarien de porter la guerre en Espagne a été
bien près d'être exécuté.

En mai 1826, l'intendant de police des Canaries
informe son gouvernement que le bruit a couru
qu'au Congrès que les « insurgés » ont tenu à
Panama, en octobre de l'année précédente, on a
décidé d'organiser une expédition pour la conquête des îles ; que les habitants ont accueilli cette
nouvelle avec joie ; ils désirent vivement s'unir aux
provinces américaines en état d'insurrection.

D'autres communications officielles signalent, à
la même époque, la présence de bâtiments colombiens, de « grands navires », dans les eaux espa-

gnoles ; les navires de commerce espagnols n'osant pas sortir des ports, le trafic est suspendu ; à Algésiras, on attend, pour le reprendre, l'arrivée de vaisseaux de guerre.

— C'est tout ? me demande le général Mangin vivement intéressé par la lecture de ces pièces.

— C'est tout, pour le moment, c'est-à-dire jusqu'à un nouveau voyage à Séville où j'espère bien en trouver d'autres.

Là-dessus, il m'indique d'autres lieux où je pourrai trouver des renseignements, dont un certain nombre ne sont pas inédits, mais peuvent souvent être considérés comme tels puisqu'on les néglige. Il pense à tout ; rien ne lui échappe.

XI

La République du Paraguay sous l'ancien régime. — Un
mauvais roman de M. Seignobos. — L'héroïsme farouche
d'un peuple qui veut l'indépendance ou la mort.

Le Paraguay est un des pays de l'Amérique du
Sud que le général Mangin n'a pas visités, et c'est
pourtant un de ceux qui l'intéressent le plus. Cela
étonnera, au premier abord, tous ceux qui ne
savent de l'histoire du Nouveau Monde que ce
qu'ils en ont appris au collège. Cette République,
qui a plus d'un million d'habitants dont une bonne
partie de pure race blanche, a une très mauvaise
réputation : elle a été, sous l'ancien régime, le
pays le plus « cléricalisé » du monde ; les rois
d'Espagne l'avaient abandonné aux jésuites qui
en firent un État théocratique où il était interdit
aux blancs, même espagnols, de pénétrer ; ils
réduisirent à l'état de servage et condamnèrent aux
travaux forcés les indigènes qui étaient des êtres
doux, inoffensifs et faibles d'esprit. Ils exploitèrent
les richesses du sol et ses habitants à leur seul
profit et alimentèrent, avec une partie du produit,
la caisse de leur ordre en Europe. Lorsque, par

les guerres de l'Indépendance auxquelles ils ne
prirent point part, les Indiens somnolents et dociles
du Paraguay furent délivrés du joug des jésuites
et de celui du roi, ils tombèrent aussitôt sous celui
de dictateurs sanguinaires et ridicules. C'est l'his‑
toire officielle.

J'en ai causé plusieurs fois avec le général Man‑
gin et nous nous sommes divertis, un jour, à lire
et à commenter les deux ou trois phrases que quel‑
ques manuels d'histoire consacrent au Paraguay
dans le chapitre de l'émancipation des peuples
hispano-américains. M. Seignobos, entre autres,
est impayable. Il écrit avec une imperturbable gra‑
vité :

« Les habitants (du Paraguay), habitués à obéir,
n'essayèrent pas de se révolter ; mais les insurgés
de Buenos-Aires y avaient envoyé une troupe et le
gouverneur espagnol, effrayé, s'était retiré. »

Cet historien a l'habitude de partir d'une erreur,
parfois volontaire, d'une idée fausse auxquelles, il
plie méthodiquement des faits tantôt dénaturés et
tantôt inventés par lui. Il croit, de bonne foi sans
doute, que le Paraguay tout entier était divisé en
mission de jésuites — ce qui est faux. Même
après leur expulsion, ses habitants, indolents de
nature, sont restés si abrutis qu'ils ont été inca‑
pables de se débarrasser de la tyrannie des militaires
qui avait remplacé celle des moines. Il fallut que

les bons républicains de Buenos-Aires-vinssent les
délivrer.

La vérité est, au contraire, que, pendant les trois
siècles de domination espagnole, le Paraguay a été
la plus turbulente, la plus libertaire des Républiques, celle où l'on était le moins « habitué à
obéir », celle où les révoltes contre le gouvernement royal étaient les plus fréquentes et où les
libertaires avaient le plus souvent le dessus. Si ce
qui s'est passé au Paraguay du commencement du
seizième siècle jusqu'au dix-huitième s'était produit au début du dix-neuvième, on ne manquerait
pas d'y voir l'influence de la Révolution française
et les Paraguayens eux-mêmes se diraient, incons-
ciemment, des fils de cette Révolution. Or, ils ont
été des précurseurs, et non des imitateurs ; et d'autant plus qu'en se révoltant, en déposant des gou-
verneurs et en faisant élire leurs successeurs par
les municipalités, ils proclamaient des principes.
Le pouvoir royal avait accordé à ces municipalités
(*ayuntamientos* ou *cabildos*) des attributions, des
privilèges, des franchises dont elles se prévalaient
pour tenir tête aux délégués mêmes du roi.

« Le *cabildo*, écrit Mangin qui ne s'est pas fié à
nos Seignobos, le *cabildo*, composé des magistrats
municipaux, avait des pouvoirs très étendus pour
l'administration et même le gouvernement de la
Cité, et il appelait parfois le peuple à délibérer

avec lui dans les circonstances graves, formant alors le *cabildo abierto*; cette institution transportée d'Espagne dans le Nouveau Monde a certainement préparé le peuple au gouvernement libéral qui s'étendit à la province, puis à la nation. Le comte de la Viñaza a remarqué, avec raison, que l'Europe moderne n'avait rien ajouté à ces franchises municipales[1]. »

L'Europe et l'Amérique modernes ont fait pis : elles ont supprimé les franchises et les libertés. M. Seignobos, satisfait de nos municipalités contemporaines, va jusqu'à nier l'existence de celles de l'Amérique.

Je ne puis résister au plaisir de donner ici une longue citation de Jules Mancini, qui avait mis le général Mangin sur la voie de la vérité historique :

« L'institution des *ayuntamientos* ou *cabildos* avait fait partie de l'organisation primitive du régime colonial. Comme les anciens *cabildos* d'Espagne, ils furent investis par le roi de franchises et de privilèges parfois fort étendus. Les municipalités du Paraguay, par exemple, avaient, en cas de vacance, le droit d'élection directe d'un gouverneur. Elles n'en témoignaient pas moins de l'esprit démocratique et égalitaire qui fit autrefois la gloire des *Communes* d'Asturies et de Léon.

1. *Autour du Continent latin*, p. 112.

L'autorité royale avait restreint, avec le temps, les prérogatives des *cabildos*; mais il s'en fallait de beaucoup, surtout au début du dix-huitième siècle, que les populations paraguayennes, sur les basses classes desquelles les jésuites avaient pris un ascendant absolu, s'accommodassent sans murmurer de la sujétion où les missionnaires cherchaient à les plonger à leur tour. La race issue du croisement des Espagnols et des indigènes manifestait, dans cette région du bassin de la Plata, un caractère si indépendant et si belliqueux que, dès 1579, le trésorier Don Hernando de Montalvo, avait cru devoir le signaler aux autorités de la métropole : « Il y a là, écrivait-il, des fils de la terre qui, des cinq parties de la gent espagnole, en forment déjà quatre; leur nombre s'accroît chaque jour. Ils sont peu révérents de la justice, de leurs parents et majeurs, curieux d'armes, dextres à pied comme à cheval, endurants, amoureux de guerres et de nouvelletés. »

« En plein seizième siècle, en effet, le gouvernement du Paraguay était une véritable petite république turbulente et jalouse de liberté, dont les colons déposaient les agents royaux aux cris de : « Mort aux tyrans! », élisaient des mandataires à la majorité des suffrages et parvenaient longtemps à garder intactes leurs franchises.

« D. Diego de los Reyes Balmaseda, qui admi-

nistrait le Paraguay en 1720, ayant voulu s'opposer un jour à une réunion du *cabildo* de l'Assomption, une émeute se produisit. Le peuple, écrasé
d'impôts, parut si résolu à soutenir les revendications de son *ayuntamiento*, que le gouverneur dut
se soumettre. Les conseillers élirent aussitôt un
gouverneur paraguayen, José Antequera, très
populaire à l'Assomption et sur les talents duquel
ses compatriotes fondaient de grands espoirs pour
l'amélioration de leur sort.

« Antequera n'était pas un ambitieux vulgaire.
En dépit des accusations de tyrannie dont l'acca-
blent les historiens espagnols, que leur souci
d'impartialité contraint pourtant à plusieurs
reprises à se montrer moins sévères, son désintéressement ne peut être mis en doute. Les violences
qu'il exerça pour conserver le pouvoir qui lui avait
été confié ont leur excuse dans les persécutions
auxquelles se trouvaient en butte ses partisans. Il
s'attacha, durant les quatre années de son administration (1721 à 1725), à mettre en pratique les
principes libertaires qu'il proclamait. Arrêté enfin,
conduit à Lima et supplicié sous les yeux du vice-
roi, Antequera eut le temps, avant de mourir, de
confier à l'un de ses compagnons, Fernando de
Mompox, le soin de continuer son œuvre.

« Sous la conduite de ce nouveau chef, les insurgés retournèrent aux armes en prenant cette fois

le nom caractéristique de *Comuneros*, que deux
cents ans plus tôt le célèbre Juan Padilla avait
immortalisé en Espagne sur le champ de bataille
de Villala. Les *Comuneros* du Paraguay mirent en
péril, pendant plusieurs mois encore, les autorités
royales, et les jésuites, continuellement exposés à
leurs attaques, ne parvinrent que difficilement à
retrouver leur prestige. « Le 17 février 1732,
raconte le P. Charlevoix, au nombre de deux
mille hommes de cavalerie, ces furieux entrèrent,
vers le midi, dans la ville de l'Assomption, allèrent
droit au collège en poussant de grands cris et firent
sortir les Pères avec tant de précipitation qu'ils
n'eurent pas le temps de prendre leurs bré-
viaires... » Les *Comuneros* succombèrent enfin à
la répression, et le Paraguay rentra, pour quelque
temps encore, dans l'ordre toujours menacé de la
vie coloniale.

« Les agents de la couronne d'Espagne ne con-
naissaient guère, en effet, de tranquillité. Ils n'édi-
fiaient leur fortune que parmi de perpétuelles
alarmes[1]... »

Et ces Paraguayens ne bougeraient pas quand
presque toute l'Amérique est en armes et qu'il leur
est bien facile de se débarrasser de leur gouverneur, puisque l'arrivée d'une troupe de patriotes

---

1. *Bolivar et l'émancipation des colonies espagnoles, des origines à 1815*, pp. 33 à 35.

de Buenos-Aires suffit pour qu'il prenne la fuite, effrayé, sans livrer une bataille !

Selon son habitude, M. Seignobos tombe dans l'erreur, mais d'une manière telle qu'il en devient bouffon sans le savoir, ce qui lui arrive assez fréquemment. Il est vrai que le Paraguay ne prend pas part au mouvement pour l'autonomie, puis pour l'indépendance, dont Buenos-Aires, capitale du vice-royaume de La Plata, a pris l'initiative et la direction. C'est qu'il ne veut pas se délivrer d'un joug pour tomber sous un autre : la révolution est faite à Buenos-Aires par le haut commerce, par le port, à son profit ; il s'agit de remplacer dans tout le vice-royaume la domination espagnole par celle de Buenos-Aires même, qui se révolte non contre le roi mais contre les privilèges du commerce de Cadix. Les Droits de l'Homme ne sont pour rien dans l'affaire : c'est une question de droits de douane. Buenos-Aires a été la victime de Cadix ; les provinces de La Plata comprennent qu'elles vont être victimes des grands importateurs et exportateurs de leur capitale. Et elles s'insurgent, en grande partie, contre Buenos-Aires qui s'est insurgée contre l'Espagne. C'est une guerre civile qui se prolongera pendant de longues années après que la domination espagnole aura été abolie, que les provinces de La Plata seront indépendantes en fait et en droit. La guerre entre Buenos-Aires et

Montévidéo est l'épisode le plus connu de cette lutte.

Buenos-Aires envoie une armée commandée par le général Belgrano, non pour « délivrer » le Paraguay, mais pour le soumettre. Elle est bel et bien vaincue en deux batailles (janvier et mars 1811) par ces Paraguayens « habitués à obéir » et Belgrano est obligé d'évacuer le pays.

Dans cette courte guerre, le gouverneur espagnol, Velasco, avait eu une conduite peu brillante, tandis que les officiers, créoles et métis, commandant des troupes de créoles, de métis et d'Indiens, s'étaient vaillamment battus. Ces officiers, maîtres de la situation, s'empressent d'expulser leur gouverneur royaliste comme ils avaient expulsé leur gouverneur républicain. En mai 1811, le gouvernement est confié à une junte de trois membres, dont l'un est le fameux docteur Francia. Donc, en l'espace de quelques mois, ces pauvres Paraguayens qui font pitié à M. Seignobos ont affirmé et réalisé leur indépendance contre l'Espagne et, ce qui était plus difficile, contre Buenos-Aires.

Mais M. Seignobos, qui veut que ce soit contre l'Espagne seulement et à l'aide d'un gouverneur amené par les insurgés de Buenos-Aires, continue d'écrire sans sourciller :

« Le Paraguay aussi chassa ses garnisons espagnoles : le docteur José de Francia y proclama l'indépendance du pays en octobre 1811 et s'empara de la dictature qu'il put conserver pendant vingt-trois ans. »

Toujours la même erreur ! On se figure que l'Amérique entière est couverte de garnisons espagnoles. Un autre auteur de manuels y trouve un motif de flétrir le militarisme. Je ne sais pas quel était le nombre des officiers et des soldats de l'armée espagnole au Paraguay au commencement du dix-neuvième siècle ; mais je serais bien étonné qu'il ait été de plus d'une centaine. Au Chili, il était de huit cents ; or, le Chili est beaucoup plus étendu, plus peuplé, les conditions géographiques y rendent la défense plus difficile et il y avait un peuple guerrier, les Araucans, qui ne fut jamais soumis et contre les attaques desquels le gouvernement royal eut mainte fois à se défendre. Partout le nombre des soldats métropolitains est insignifiant ou nul. L'armée de métier est pour ainsi dire inexistante. L'ordre et la puissance de l'Espagne sont maintenus, et défendus en cas d'attaque, par des miliciens, des espèces de gardes nationaux, créoles, métis, indiens, tous volontaires, qui ne sont même pas payés par le gouvernement. En cas de danger, les étrangers mêmes s'enrôlent avec leurs propres armes et se procurent des munitions qu'ils payent de leurs deniers.

— Des étrangers ! s'écrie Mangin — au courant

de la question — un jour que nous causions des armées de l'ancien régime en Amérique. Et dire que nos historiens prétendent qu'il leur était interdit non seulement de s'établir dans les colonies espagnoles, mais même d'y voyager !

Une autre fois, je communique au général deux autres de mes trouvailles aux archives de Séville : les actes de naturalisation de deux Français au Chili. L'un se nomme Thomas Breton ; l'acte qui énumère ses droits à la naturalisation dit qu'il habite le Chili depuis plus de vingt ans et qu'il a levé et entretenu à ses frais une compagnie de volontaires étrangers pour la guerre contre les Araucans. Le second est François Subercaseaux, établi en 1759 et naturalisé après trente ans de séjour. C'est vraiment un beau type de la vieille France. Il est propriétaire de vastes champs de labour, de plantations de canne, de fabriques de sucre, de mines. Cet agriculteur et mineur est, en outre, un bon soldat ; bien plus ! un spécialiste de l'art militaire : sa compétence le fait nommer capitaine d'artillerie et, quand il va à la guerre, c'est à ses propres frais ; et c'est à ses frais aussi que sont équipés et entretenus les volontaires de sa région. Ce Français ne vivait pas aux dépens de l'État, mais il prélevait sur sa propre fortune pour avoir l'honneur de le servir à la guerre. Il est marié à une Espagnole appartenant à une des premières familles du Chili. Il doit sa fortune exclusivement à son intelligence et à son travail ; il est bon catholique et d'une probité parfaite.

La famille des Subercaseaux était, et est encore, une des plus riches et plus puissantes au Chili.

— J'ai été reçu à Santiago par l'un de ses membres, me dit le général ; c'est un des souvenirs les plus agréables et les plus émouvants de mon voyage.

Mangin a évoqué ce souvenir dans les lignes suivantes d'*Autour du Continent latin* :

« Une séance solennelle nous appelle au Théâtre municipal. Le premier alcade me remet un diplôme me conférant le titre d'hôte d'honneur de la capitale. L'intendant (préfet) de la province de Santiago, don Alberto Mackenna de Subercaseaux, m'adresse en français un magnifique discours de bienvenue. Jamais hymne plus enthousiaste ne s'éleva à la gloire de la France victorieuse, immortel champion du Droit et de la Liberté. Dans la salle tous les mots portaient, soulignés d'applaudissements répétés et unanimes ; c'était bien le sentiment public qu'exprimait l'éloquent orateur auquel j'eus la rude tâche de répondre. »

Revenons à M. Seignobos et ajoutons, pour montrer qu'il n'y a pas un mot de vrai dans ce qu'il écrit, que ce n'est pas Francia qui proclama l'indépendance, que celui-ci ne s'empara pas de la dictature en 1811, qu'il fut élu dictateur en 1814 et le resta jusqu'à sa mort survenue en 1840, ce qui fait vingt-six ans de dictature et non vingt-trois.

— Comme tout ce qui a été écrit sur l'Amérique espagnole dans les manuels et même dans de grands ouvrages est du même acabit, me dit Mangin, il est effrayant de penser qu'un candidat au baccalauréat ou à l'agrégation d'histoire qui, interrogé sur un épisode de l'histoire du Nouveau Monde, dirait simplement toute la vérité qu'il aurait apprise dans d'autres livres — car, enfin, il y en a quelques-uns en dehors des universités — aurait une mauvaise note et risquerait d'échouer à l'examen ou au concours !

Je lui demande comment lui est venue l'idée d'écrire une étude sur le dictateur Francisco Solano López.

— Oh ! me répond-il, ce n'est qu'un vague projet que notre Bolivar, qui va nous occuper pendant plus d'un an, renvoie à une date indéterminée et lointaine. Où serons-nous et que ferons-nous dans un an ? Aurai-je seulement une heure de loisir ? Plus j'étudie cette histoire de l'Amérique dans les heures trop rares que je puis lui consacrer, plus je m'aperçois que je ne puis avancer dans sa connaissance qu'avec lenteur et circonspection. C'est à peine si je commence à voir clair dans l'histoire du Vénézuéla et de Bolivar. Quant à celle du Paraguay, de ses dictateurs Francia et les deux López et de sa guerre contre l'Argentine, le Brésil et l'Uruguay, je crois en connaître les grandes lignes, mais je ne me hasarderais pas à l'écrire ni à en parler en public. Il n'y a peut-être rien de plus pathétique au monde, et en tout cas dans l'Amérique entière, que ce peuple paraguayen. Soixante ans d'une dictature terrible, certes, mais, comme l'a montré votre ami Francisco Garcia-Caldéron, nécessaire aux nations hispano-américaines, et bienfaisante[1] ! Ce tyran, dans le sens antique du mot, Francia, qui pendant un quart de siècle, séquestre pour ainsi dire son peuple, l'isole des deux grands voisins qui le guettent et veulent le soumettre, l'isole du monde entier afin de le

---

1. « Le principe d'autorité, exacerbé, tenace, a créé le Paraguay moderne. Cette nation confirme une loi de l'histoire américaine : la dictature est le gouvernement adéquat pour créer l'ordre intérieur, développer la richesse et unifier les castes...

... Du désordre spontané on passe à la tutelle formidable... Les dictateurs, comme les rois du féodalisme, abattent les « caciques » locaux, les généraux de province : ainsi firent Porfirio Diaz, Garcia Moreno, Guzman Blanco...

... Le progrès matériel est œuvre de l'autocratie : en témoignent les périodes où dominèrent Rosas, Guzman Blanco, Portales, Porfirio Diaz. Les grands « caudillos » abandonnent toute abstraction ; leur esprit réaliste les porte à encourager le commerce, l'industrie, l'immigration, l'agriculture. En imposant une longue paix, ils favorisent le développement des forces économiques. » (*Les démocraties latines de l'Amérique*, pp. 72, 177.)

soustraire aux mauvais exemples, de lui forger une âme héroïque et guerrière en vue d'une lutte inévitable où la race devra cimenter son indépendance nationale ou mourir !

Mangin prend le livre de F. Garcia-Calderon et lit, au chapitre du Paraguay :

« Le Paraguay s'isole prodigieusement ; les transactions déclinent, la monnaie circulante disparaît. Pendant ce temps, la population augmente... Une démocratie homogène, une conscience nationale se forment.

« Comme les grands dictateurs américains, Francia stimule les progrès matériels et réédifie Assomption, la cité métropolitaine. Il construit des œuvres publiques, des forteresses pour arrêter la marche des Indiens ; protège l'agriculture, crée une industrie. Son idéal, c'est la pleine autonomie dans un isolement peut-être barbare. Par des règlements successifs, il oblige les propriétaires à ensemencer leurs terres, à étendre la surface cultivée ; comme les Incas péruviens, il ne veut pas d'oisifs dans son royaume. Il distribue la tâche et en impose l'exécution.

« ... Son œuvre est rude et imposante ; il crée une race, affranchit sur tous les terrains, politique, économie et religion, sa patrie menacée. Un prêtre disait en un ardent panégyrique : « Le Seigneur ayant jeté un regard de pitié sur notre pays, lui envoya pour le sauver le docteur Francia. » Le tyran devient ainsi rédempteur et a sa légende étrange. A soixante-dix ans, il apparaît comme un personnage retiré et divin. D'un palais secret, il gouverne un peuple discipliné. Il a militarisé le pays, exalté le patriotisme, le fort sentiment national des petites nations, de l'Uruguay et du Paraguay en Amérique, de la Serbie, du Monténégro et de la Bulgarie en Europe.

« Sa longue tyrannie n'avilit point la race. Quand il meurt, Francia est pleuré par son peuple, un peuple qui révélera dans une guerre prochaine une ténacité spartiate, un tranquille héroïsme. Le Paraguay est indomptable : il se dépeuple, la population masculine disparaît, mais la République reste debout et agressive. Francia a formé une race guerrière et fière. C'est un homme extraordinaire qui eût été il y a un siècle — dit Carlyle dans un *Essai* — un dominicain mûr pour la canonisation, un excellent supérieur de Jésuites, un grand Inquisiteur rude et atrabilaire. L'historien saxon fait l'éloge des terribles silences de Francia, *the grim unspeakabilities*, cette muette solitude dans laquelle les hommes remarquables communiquent avec le mystère des choses. »

— Cette guerre, reprend Mangin, guerre sainte puisque l'existence d'une patrie était en cause, est une prodigieuse et stupéfiante épopée. Le petit

Paraguay lutte seul contre les deux plus grands États de l'Amérique du Sud qui, par surcroît, ont forcé l'Uruguay à les suivre. Et il accomplit ce miracle de vaincre, dans les premières campagnes, des ennemis cinq fois supérieurs en nombre et même plus. Mais il est épuisé par ses victoires mêmes, car les soldats tombés sur les champs de bataille ne peuvent être remplacés par des troupes fraîches. Alors on voit des enfants de douze ans, des femmes, prendre les armes en criant : « La liberté ou la mort ! » Après le dernier combat, où Solano López meurt en héros, le Paraguay n'a plus que quatre cent soixante-dix soldats. Et, dans l'acharnement des vainqueurs, c'est l'agonie d'un peuple. Le pays n'est plus qu'un cimetière de ruines et de charniers humains où errent des femmes, des vieillards et des enfants. La population mâle valide a presque entièrement disparu. Le Paraguay qui avait 1 300 000 habitants n'en compte plus que 350 000. C'est l'agonie, puis la résurrection. La nation amputée d'une partie de territoire se reprend à vivre, se relève. Après des sacrifices si terribles qu'on en compte peu de semblables dans l'histoire, l'indépendance est affermie. La cause du Paraguay est désormais sacrée. Car une nation ne meurt que lorsqu'elle n'est plus digne de vivre.

XII

**La mort du général Mangin. — Son dernier entretien avec
M. Barceló. — Au concours hippique. — Spahis et « llaneros ». — Projet d'une fête de centaures.**

Le mardi 12 mai 1925, *l'Action française*
annonce, dans les termes suivants qui laissent peu
d'espoir, que le général Mangin est très malade :

« Dans la soirée d'hier nous parvenait une nouvelle qui affectera vivement tous les bons Français.

« Le général Mangin, qui devait présider dans
la journée une conférence de MM. Gradis et de
Kérillis sur leur mission en Afrique, a dû être
excusé. On apprenait qu'il avait été frappé, en
pleine santé, d'une crise d'urémie et d'appendicite
foudroyante.

« Aux dernières nouvelles, l'état du général
serait extrêmement grave.

« La France entière fera des vœux pour que
le grand Africain, le vainqueur de Soissons, le
héros de la Grande Guerre, surmonte cette crise à
un moment où notre armée a, plus que jamais,
besoin de lui. »

Mangin mourant ! Je l'avais vu, en belle santé comme toujours, la semaine précédente ; il m'avait donné rendez-vous pour demain mercredi et j'allais lui écrire pour le prier de m'excuser : je suis souffrant depuis hier et, quoique le mal soit sans gravité, il va m'empêcher de sortir pendant quelques jours. Je suis frappé de stupeur. Un ami qui vient me rendre visite et ignore encore la nouvelle court aussitôt avenue de la Bourdonnais ; il en revient à midi et demi.

— Mangin vient de mourir.

.....Les journaux du soir et du lendemain racontent comment le malheur aussi foudroyant qu'inattendu s'est produit. Le samedi, le général avait déjeuné dans un restaurant de Montmartre avec des officiers de l'armée coloniale. C'est après ce déjeuner que, seul des convives, il aurait éprouvé un premier malaise d'estomac. (« Il aurait »... ce conditionnel indique qu'on n'est pas bien certain du fait.) Il tint pourtant à assister, dans l'après-midi, à la fantasia des spahis au Concours hippique.

Le soir du même jour, après avoir dîné en famille, il sentit un violent malaise — une « barre à l'estomac » — et fut frappé d'une syncope. Il ne reprit plus connaissance et mourut le mardi 12 mai, à 11 h. 20 du matin.

Peu après les obsèques auxquelles je ne pus

assister, je reçus une lettre du ministre plénipotentiaire du Vénézuéla :

« Mon cher ami, me disait-il, nous ne nous sommes pas vus pour causer de la perte que nous avons subie avec la disparition de notre noble ami, le général Mangin (q. e. p. d.)[1] ! J'ai pensé beaucoup à vous en cette douloureuse occasion... »

J'allai voir M. Barceló qui me parla longuement du malheur qui frappait non seulement la France — cela va de soi — mais aussi l'Amérique latine ; peu de personnes sont, autant que lui, en état de comprendre quelle amitié pour cette Amérique venait d'être scellée sous la pierre du tombeau.

— La mort l'a terrassé le samedi soir, me dit-il. Or, quelques heures auparavant, nous étions ensemble au Concours hippique ; nous suivions, attentifs et émerveillés, les exercices des spahis, après quoi nous causâmes de ces centaures algériens et de ceux du Vénézuéla, des *llaneros* qui, comme vous le savez, l'intéressent beaucoup, et nous fîmes des projets... qui ont été ensevelis avec lui.

M. Barceló me répéta cet entretien et je le trouvai si intéressant que, quelques mois après, m'étant décidé, sur les conseils de M. Barceló lui-même, à écrire le présent livre de souvenirs, je le priai

1. *Que en paz decanse !* (qu'il repose en paix !)

de me donner quelques notes sur ses dernières entrevues avec le général et principalement sur les réflexions qu'ils avaient faites ensemble au Concours hippique à propos des spahis et des *llaneros*. Il m'adressa, le 12 août, de la Bourboule où il était en villégiature, non pas des notes, mais une lettre que je n'ai qu'à transcrire :

« Mon cher ami, je suis très heureux d'apprendre que vous allez donner suite à votre projet de rédiger les entretiens que vous avez eus avec le général Mangin et de les publier en un volume ; ce sera pour moi un honneur d'avoir, dans cette œuvre, une petite place que je devrai à la sympathie du général et à votre amitié. Je rentrerai à Paris à la fin de ce mois et je serai tout à votre disposition pour les renseignements que je serai en état de vous fournir. Mais je ne veux pas attendre jusque-là pour répondre à votre demande. Il m'est à la fois agréable et douloureux d'évoquer à loisir, loin des bruits de Paris et des occupations qui vont m'y rappeler, devant un paysage calme et splendide de la France immortelle, la figure du grand soldat trop tôt disparu qui fut l'un des serviteurs les plus admirables de cette patrie, l'un des sauveurs de cette terre. Des souvenirs que j'écris au vol de la plume, vous retiendrez, pour votre travail, ce que vous jugerez utile.

« Je n'ai eu aucune relation avec le général Mangin avant son départ pour l'Amérique ni aussitôt après son retour. Je l'avais rencontré deux ou trois fois dans des réceptions et des soirées officielles ou mondaines, mais au milieu d'une affluence de personnages du monde politique, militaire et diplomatique, nous n'avions pas eu l'occasion de lier conversation et je restais un inconnu pour lui. C'est que mon pays n'avait pas été compris au nombre de ceux que le général avait visités au nom du gouvernement français. Dans d'autres, également exclus de l'itinéraire du voyage, beaucoup de gens se sont plaints d'avoir été laissés de côté. Chez nous, il y a eu du regret, mais aucune mauvaise humeur, aucune rancune. Mangin ne pouvait aller partout. Plusieurs considérations intervinrent dans le choix des pays à visiter ; aucune n'impliquait du dédain à l'égard des pays qui ne furent pas compris dans l'itinéraire, et l'établissement de celui-ci fut subordonné surtout à la nécessité de traverser le canal de Panama ; un autre dans lequel se serait trouvé le Vénézuéla aurait trop prolongé la durée du voyage.

« Mes compatriotes ne purent donc recevoir et fêter le général Mangin. Cela n'empêche pas qu'il soit aimé et admiré au Vénézuéla autant qu'au Pérou, en Bolivie et aux autres pays qui ont été honorés de sa visite. Et vous comprendrez facilement pourquoi : aucune nation américaine n'a,

plus que la nôtre, le culte des vertus et des mérites
militaires ; aucune n'a conquis plus de gloire sur
les champs de bataille. Et nous avons d'autant plus
le droit d'en être fiers que nos ancêtres ont fait une
guerre longue et terrible pour une cause juste :
celle de sa liberté et de la libération de peuples
frères, et n'ont jamais pris les armes pour asservir
une nation voisine. Mangin, qui est un génie militaire au service d'une autre cause juste, appartient
à la même famille de purs héros que nos Bolivar,
Miranda et Sucre.

« Notre admiration fut augmentée d'une respec-
tueuse sympathie et de reconnaissance lorsque,
après son retour, il donna à l'Amérique latine des
témoignages publics de l'amitié et de l'intérêt qu'il
lui portait. Mais un jour, pour les raisons que vous
savez, il commit une erreur d'appréciation sur
Bolivar, erreur beaucoup moins grave que celle
dans laquelle sont tombés quelques historiens
européens ignorants. Son admiration justifiée pour
le Libérateur du Sud étendit une ombre sur le
Libérateur que nous vénérons dans le Nord de
l'Amérique méridionale. Je n'ai jamais été bien
affecté par les écrits de ceux qui essaient vainement de diminuer la gloire de celui qui est pour le
Vénézuéla un héros national et pour toute l'Amérique du Sud un héros continental ; en toute sincérité, je crois que leur acharnement est un hom-

mage de plus. Mais je fus navré de voir que Mangin, un des meilleurs critiques militaires de notre époque, ne rendît pas pleinement justice au Génie de la guerre de l'émancipation hispano-américaine. Cela ne pouvait manquer de produire une mauvaise impression dans les pays bolivariens.

« Me rendant compte des causes de son erreur, que vous avez comprises aussi, je me proposai d'entrer en conversation avec lui à une première rencontre et de tâcher de le mettre dans la bonne voie qui est celle de la vérité historique. L'occasion tardant, par hasard, à se présenter, je me decidai à lui écrire et à lui envoyer quelques livres sur Bolivar et les campagnes militaires de 1812 à 1825. Je sais qu'il vous a montré ma lettre et qu'il vous a parlé d'un long entretien que j'eus avec lui peu après. Je n'ai donc pas à revenir, ici, sur ce point. Depuis, j'ai été, comme vous, le témoin attentif et passionné d'une évolution méthodique qui n'eut d'autre cause qu'un examen critique et approfondi de documents historiques et qui aboutit à la longue étude sur la bataille d'Ayacucho publiée par la *Revue de l'Amérique latine*, puis au projet d'un grand ouvrage sur Bolivar et les guerres de l'Indépendance.

« J'en viens, maintenant, à mes deux dernières entrevues avec lui, qui sont le principal objet de cettre lettre. L'avant-dernière eut lieu à l'Hôtel

Crillon où nous avions été invités à dîner avec
d'autres personnages officiels français et américains, par l'Ambassadeur du Brésil. Après le repas,
nous nous réunîmes, le maréchal Franchet d'Es-
perey, le général Mangin et moi dans un coin de
salon. Là, j'eus l'émouvante surprise d'entendre
ces deux illustres chefs de guerre parler en parfaite connaissance de cause de divers épisodes de la
campagne bolivarienne du Pérou, puis du Congrès de Panama où Bolivar traça le plan d'une
Société des Nations qui a été réalisé de nos jours.
Je mis la conversation sur la bataille d'Ayacucho,
sur l'étude que Mangin lui a consacrée et où il
résume si magistralement, comme en une vaste
fresque, les événements antérieurs à ce grand événement, la conjonction des deux armées libéra-
trices au Pérou et le renoncement de San Martin
s'inclinant devant la supériorité du génie de Bolivar. Le général me dit que cette étude était un
résumé rapide de quelques chapitres de l'ouvrage
qu'il prépare avec votre collaboration. A ce sujet,
il me parla de quelques livres qui, d'après des citations qu'il en avait lus dans d'autres, lui paraissaient intéressants à consulter, mais qui n'étaient
ni à la Bibliothèque nationale ni dans le commerce.
Je lui promis d'écrire au directeur de l'Académie
de l'Histoire du Vénézuéla, notre ami Vallenilla
Lanz, pour tâcher de les lui procurer.

« Enfin, je le vis pour la dernière fois le samedi 9 mai ; il m'avait fait savoir qu'il aimerait me rencontrer au Concours hippique, afin de connaître mon opinion sur la manière de parader à cheval des spahis. De quelques propos que je lui avais tenus peu auparavant, il avait conclu qu'il y a certains points de ressemblance entre ces cavaliers algériens et les *llaneros* que Boves, royaliste, et Páez, républicain, utilisèrent durant les guerres de l'Indépendance.

« Il y avait peu de monde dans la partie haute de la tribune présidentielle et, comme j'étais accompagné de ma femme, nous assistâmes, auprès du président Doumergue, au début du spectacle. Le général Mangin était en bas avec le maharajah de Kapurthala et quelques officiers étrangers et français. Avant que les spahis eussent achevé leurs brillants exercices, je le rejoignis et je lui dis que son appréciation était très juste : ces exercices auxquels nous assistions étaient les mêmes que ceux de nos *llaneros* vénézuéliens dans nos fêtes populaires ; notre selle, nommée *vaquera* (vachère), d'usage courant dans le *llano*, est un modèle, mais plus pratique, de la monture arabe, les caractéristiques sont les mêmes. Je lui expliquai qu'avec une selle plus basse, le genou avait plus de jeu, la jambe se tendait davantage et le pied pénétrait moins dans l'étrier qui ne sert que d'appui et ne doit pas retenir sur la selle le cavalier. La principale arme de celui-ci est, en effet, la lance qui, par la force du coup et la longueur de la hampe, produit parfois la chute du lancier. Je lui offris de lui envoyer des dessins élémentaires où il trouverait des explications de notre méthode, des selles, des étriers et différents harnais, en attendant des photographies exactes que j'allais demander à Caracas.

« Alors il m'invita à aller chez lui le surlendemain ; il voulait me montrer des dessins des modèles arabes et bien établir la différence qu'il y a entre eux et ceux que les Vénézuéliens ont hérités des Espagnols et qu'ils emploient encore, car ils sont indispensables aux rudes labeurs du *llanero*. Les *cow-boys* nord-américains n'ont-ils pas conservé, de leur côté, les mêmes harnais et les coutumes des cavaliers mexicains, disciples des compagnons de Hernán Cortés ?

« Après m'avoir quitté pour aller causer avec quelques officiers, il revint tout à coup à moi au bout d'un instant et me dit :

« — Ce beau spectacle est une des preuves qu'à notre époque d'automobilisme à outrance, l'amour du cheval n'est pas mort ni l'équitation en décadence. J'espère que les *llaneros* vénézuéliens d'aujourd'hui ne sont pas indignes de leurs vaillants ancêtres et qu'ils seront à l'honneur lorsqu'on célébrera, en Amérique, le centenaire de l'entrée de Bolivar dans l'immortalité. Il faudrait faire quelque chose en France. Une statue du Libérateur ? Peut-être. Mais je vois aussi une fête des centaures du monde latin auxquelles seraient conviés, outre les *llaneros* de votre pays, des *gauchos* de l'Argentine, des hommes du cheval et du taureau du Mexique, de l'Espagne et de la Camargue. Le taureau et le cheval sont les deux animaux les plus nobles de la création. C'est, en très grande partie, grâce à la sobriété et à la force de ces cavaliers dompteurs de taureaux, armés d'une irrésistible lance et dévorateurs d'espaces, que votre Libérateur a pu accomplir ses plus grandes prouesses. Cette fête, ce n'est pas ici qu'il faudrait la donner, mais dans les arènes d'Arles et la vaste plaine de la Camargue où les gardians seraient heureux d'accueillir leurs frères du Nouveau Monde et de se mesurer avec eux. A Paris, il y aurait place pour une exposition qu'on pourrait faire au Grand Palais... »

« Telles furent les dernières paroles que j'entendis de sa bouche. Quelques heures après, chez lui, il était terrassé par la maladie et, dès le début, on désespérait de le sauver.

« Au Concours hippique, rien n'aurait pu me faire prévoir un pareil malheur ni même une maladie grave, mais à laquelle un homme comme lui peut échapper aisément. Il était, comme d'habitude, plein de vie et de santé, content, et d'autant plus content et animé qu'il était en compagnie de camarades de l'armée, d'excellents amis avec lesquels il assistait à un spectacle qui le passionnait.

« J'appris coup sur coup, à quelques heures d'intervalle, sa maladie et sa mort dans la journée du mardi. Je fus blessé par cette triste nouvelle dans mon patriotisme de Vénézuélien qui avait été flatté de l'espoir ou plutôt de la certitude que la plus haute gloire de mon pays et de notre Amérique latine serait mise en pleine lumière par ce grand soldat que je considérais comme la première autorité du monde technique de l'art de la guerre ; et blessé dans mon amour pour la France qui perdait l'un de ses chefs militaires les plus prestigieux. »

*
* *

Je supprime de la fin de la lettre de M. Barceló un paragraphe trop flatteur pour une collaboration à laquelle il m'avait vu donner tout mon dévouement. En terminant, il exprime sa satisfaction que, du moins, il en reste quelque chose grâce à la publication de mes souvenirs. Tel était en effet mon projet. Mais rien ne peut consoler les Américains et leurs amis de ce qui est perdu.

APPENDICES

1

Les officiers français de l'armée de Miranda

« .....Un petit groupe de volontaires et d'officiers, émigrés d'Europe, des Antilles et des États-Unis, complétait l'ensemble de l'armée républicaine. Les guerres de l'Indépendance réservaient à quelques-uns de ces soldats de fortune la part de gloire et de renom qu'ils étaient venus chercher en Amérique. L'Écossais Mac Gregor, par exemple, condottiere magnifique, assoiffé d'ambition dont il ne sut pas assez peut-être éviter les égarements hasardeux, mais débordant d'ardeur guerrière et de vaillance, forçant l'admiration de ses compagnons d'armes, adoré de ses soldats.

« Mac Gregor avait été chargé en même temps que les Français du Cayla, Schombourg et Raphaël Chatillon[1], arrivés comme lui à Caracas à la

1. Ex-capitaine de l'armée française. Après la chute de Miranda, il suivit Bolivar à Curaçao et à Carthagène où il entra au service du gouvernement de cette province. Le président Torices lui confia le commandement de l'expédition que Carthagène envoyait en 1813 contre Sainte-Marthe. Chatillon fut tué au combat de Sainte-Marthe, le 11 mai 1813.

fin de 1811, d'organiser et d'instruire la cavalerie vénézuélienne. Les quatre officiers s'acquit-
tèrent à souhait de leurs fonctions et Miranda les
prit à son état-major. Le capitaine Emmanuel de
Serviez en était l'officier le plus estimé du généralissime. D'une excellente famille du Midi de la
France, descendant du célèbre maréchal de Thé-
mines, fils et petit-fils de soldats, Serviez, après
avoir fait toutes les premières campagnes de la
Révolution et de l'Empire aux côtés de son père
que Napoléon nomma général de brigade en 1806,
se trouvait à Pau au moment où allait éclater la
guerre d'Espagne. Il avait vingt-six ans, portait
fièrement ses galons de capitaine aux dragons de
la Garde et fut distingué par la jeune comtesse F...,
épouse de l'un des généraux les plus illustres et les
plus honorés de l'armée. Serviez, suivant sa propre
expression, ne tarda pas à « avoir le malheur
d'être heureux ». Il était parti pour l'Espagne vers
la fin d'octobre avec le maréchal Lefebvre, mais
blessé au combat de Vineira, il revint à Pau, y
retrouva sa maîtresse et, quelques semaines plus
tard, il passait avec elle en Angleterre.

« C'est alors un séjour lamentable à Richmond,
puis à Londres, la naissance d'un enfant, le départ
pour les États-Unis, de vaines requêtes au président
Madison pour obtenir un emploi dans l'armée
fédérale, enfin l'annonce de l'insurrection du Véné-

zuéla et de la présence de Miranda dans ce pays. Serviez avait autrefois connu Miranda ; il s'embarqua pour la Guayra, rejoignit le généralissime à Valencia, lui offrit ses services et fut incontinent accueilli en qualité de commandant en chef du corps de cavalerie et d'aide de camp général du dictateur.

« Les fonctions de premier aide de camp étaient remplies auprès de Miranda, depuis l'année précédente, par le lieutenant Carlos Soublette[1], âgé de vingt-trois ans, beau cavalier, à la mine hautaine, d'une froideur et d'une circonspection qui contrastaient avec sa physionomie parfaitement aimable, la douceur gracieuse de ses traits et l'aménité de ses manières. Soublette, qui ne semblait pas s'être autrement distingué jusqu'alors, avait dû son avancement singulier à ses origines mi-françaises : « Vous n'avez à mes yeux d'autre défaut, lui disait un jour Miranda, que d'être caraquenais de naissance et d'avoir une mère créole. »

« Le généralissime tenait, en effet, plus que jamais à ce moment les Américains à l'écart de ses sympathies, voire même de son estime. Et sans prendre souci du déplaisir qu'en éprouvaient les patriotes, il s'entourait presque exclusivement

---

1. Né à Caracas, prit part à presque toutes les campagnes de Nouvelle-Grenade et du Vénézuéla. Il fut président de la République vénézuélienne en 1837 et 1838. Mort à Caracas, le 11 février 1870.

d'étrangers. S'il n'est pas douteux qu'elle fût inspirée à Miranda par sa constante prédilection pour « la grande nation, patrie de la liberté dans l'Ancien Monde », — c'est en ces termes qu'il désignait toujours la France, — il est à croire aussi que l'attitude récemment adoptée par le gouvernement impérial à l'égard du Sud-Amérique n'était pas étrangère à celle qu'affectait le dictateur du Vénézuéla.

Napoléon avait atteint, en 1810 et 1811, « le faîte des choses humaines et la France l'apogée de sa puissance[1] ». Le renom français emplissait l'univers. De quelle griserie d'espoir n'avaient dès lors pas dû se sentir pénétrés les libéraux du Nouveau Monde en apprenant que l'Empereur avait déclaré formellement dans l'exposé de la situation de l'Empire, lu au Corps législatif, le 11 décembre 1809, qu'il ne s'opposerait jamais à l'indépendance des nations continentales de l'Amérique, que « cette indépendance est dans l'ordre nécessaire des événements », que « la France qui a établi l'indépendance des États-Unis de l'Amérique septentrionale et contribué à les accroître de plusieurs provinces, sera toujours prête à défendre son ouvrage ».

Jules MANCINI : *Bolivar et l'émancipation des colonies espagnoles*, pp. 382 à 383.

1. Sorel : *l'Europe et la Révolution*, t. VII, liv. II, chap. II.

II

Les volontaires anglais et irlandais

En 1818, Caracas étant encore occupée par l'armée de l'Espagne, Bolivar établit son quartier général et convoque un Congrès à Angostura dont il fait la capitale provisoire de la République du Vénézuéla. Ses succès récents ont accru sa puissance et son prestige. Son nom vole de bouche en bouche et passe l'Océan ; aux yeux de l'Europe il fait déjà figure de chef d'État et de grand capitaine. C'est l'an de l'arrivée des premiers contingents de volontaires anglais et irlandais, parmi lesquels se trouvait le jeune Daniel Florence O'Leary, engagé avec le grade d'alferez (sous-lieutenant) :

« Enfin, écrit l'historien de Bolivar, l'avenir apparut sous un jour plus favorable, et nous verrons désormais moins d'inégalité dans la lutte ; ce ne seront plus des groupes nombreux d'hommes nus .et presque sans armes qui iront combattre contre les troupes disciplinées de l'Espagne. Les sacrifices du Vénézuéla commençaient déjà à fixer l'attention de l'Europe ; de l'Angleterre où le malheur rencontre toujours des sympathies, commençaient à venir des armes et des munitions dont le manque avait, jusqu'alors, rendu infructueux les efforts des patriotes. »

O'Leary arriva à Angostura avec dix-sept autres officiers et cent soldats de cavalerie commandés par le colonel H. C. Wilson. Par un contraste violent, le jeune Irlandais, qui était un modèle d'honneur militaire, de loyauté et de bravoure, était sous les ordres d'un colonel brouillon, intrigant et, sans doute, traître ; il y a tout lieu de croire que le colonel H. C. Wilson était parti de Londres avec l'intention de trahir. A peine arrivé à Angostura, il conspire contre Bolivar et tente, par un pronunciamento de soldats irlandais, de le remplacer par Páez à la tête de l'armée et du gouvernement. Il fut arrêté, emprisonné, puis rembarqué pour l'Angleterre.

Il y eut d'autres mutineries, mais moins graves, et d'autres actes d'indiscipline chez les Irlandais. Ils sont expliqués, sinon entièrement justifiés, par les circonstances et les conditions d'une guerre que les Européens n'avaient pu prévoir et qu'ils ne pouvaient supporter qu'avec des qualités d'endurance physique extraordinaires, soutenus. par une grandeur d'âme et un stoïcisme peu communs. On a vu ce que fut le passage des Andes.

Voici, par opposition, ce que l'armée avait eu à souffrir dans les plaines avant d'affronter les horreurs de la montagne :

« La cavalerie et l'infanterie traversèrent les mêmes savanes que, peu de semaines auparavant, elles avaient incendiées pour priver les royalistes de fourrages, et maintenant le manque d'herbes les faisait passer par les mêmes peines. Il est très difficile de donner une idée suffisante des souffrances de l'armée dans ses marches par ces plaines embrasées des rayons d'un soleil de feu, que jamais un nuage ne voilait, depuis l'aube jusqu'au crépuscule. Exténuées par la chaleur, sans un seul arbuste qui leur donnât un peu d'ombre, sans une goutte d'eau pour rafraîchir leurs lèvres, trompées souvent par les illusions optiques si fréquentes dans ces parages, les troupes arrivaient tard au bivouac où les attendait une mesquine ration de mauvaise viande sans sel... »

Après le soleil accablant et la sécheresse, la pluie : « Les pluies avaient commencé avec une rigueur inusitée et tombaient à torrents. Des ruisseaux où, en été, coulait à peine quelque filet d'eau, inondaient maintenant les savanes ; de petites rivières qui, peu auparavant, ne contenaient pas assez d'eau pour apaiser la soif du voyageur, avaient débordé et s'étaient converties en fleuves navigables.... Pendant sept jours, les troupes marchèrent avec de l'eau jusqu'à la ceinture et durent camper en rase campagne dans les endroits que l'eau n'avait pas encore recouverts. Pour se protéger, le soldat n'avait qu'une misérable couverture, mais il ne s'en servait même pas pour se couvrir, si grand était son souci de protéger son fusil et ses munitions... »

Il faut dire aussi qu'il y avait, dans cette légion, beaucoup d'Irlandais et quelques Anglais qui étaient dans la misère chez eux, ou des déchets de la société (comme il y en a dans notre Légion étrangère) et qui n'étaient allés au Vénézuéla qu'en mercenaires, pour gagner leur vie loin d'un pays où, pour une raison ou une autre, ils ne pouvaient plus demeurer.

Mais nombreux étaient ceux qui se mirent au service de la cause de l'Indépendance, poussés par les sentiments et les passions nobles dont a parlé le général Mangin. Tel O'Leary, qui appartenait à une famille illustre apparentée à celles de Burke et d'O'Connell. Tel le général Miller qui fut un des héros de la bataille d'Ayacucho. Tel Belford H. Wilson, aide de camp de Bolivar, qui fut envoyé à celui-ci par son père, le général sir Robert Wilson, membre du Parlement britannique, avec la lettre suivante que nous reproduisons pour montrer quelle admiration on professait pour Bolivar en Angleterre; ce témoignage n'est pas unique. De 1819 jusqu'à sa mort, le Libérateur en reçut beaucoup d'autres :

« Londres, 2 juillet 1822.

« Mon cher général,

« Mon troisième fils, un fils doué de toutes les qualités qui accroissent l'affection naturelle d'un père et font naître les espérances les plus flatteuses, se présentera à Votre Excellence avec cette lettre et dans l'espoir que Votre Excellence daignera lui accorder la protection dont il a besoin pour accomplir l'objet de son entreprise.

« Confiant moi-même en la bienveillance de Votre Excellence, je lui ai fait croire que sa pétition ne sera pas repoussée, qu'il sera admis au service de la République de Colombie, sous les auspices de Votre Excellence, et qu'il aura ainsi l'occasion de déployer son énergie et de témoigner sa reconnaissance en rendant des services fidèles et zélés à la cause dont Votre Excellence a été le bouclier.

« Élevé à l'École militaire, il a déjà des notions du métier ; son éducation a été soignée, ce qui, joint à des avantages fortuits dont il a été favorisé, lui a donné une maturité d'esprit au-dessus de son âge.

« En partant pour l'Amérique, il emporte avec lui l'amour de sa famille et les vœux de tous ceux qui le connaissent. J'aurais pu le faire entrer dans l'armée anglaise ; mais, même si des circonstances connues de tout le monde n'avaient pas fait cette démarche inconciliable avec mon honneur, j'aurais choisi pour lui le service qu'il désire, comme la carrière la plus favorable pour lui personnellement et celle qui augmente et resserre davantage les liens que j'ai eu l'honneur et la satisfaction de former avec Votre Excellence et avec la patrie qu'Elle vient de créer.

« Je me flatte toujours de l'idée que mes affaires me permettront un jour d'aller visiter l'intéressant pays de Colombie et de présenter de vive voix les hommages dus à Votre Excellence, et je Lui exprime toute la reconnaissance et toute l'estime que je lui ai jurée pour toute la vie.

« R. Wilson. »

Bolivar avait fait la connaissance du général Robert Wilson, à Londres, en 1810.

Il est évident que des jeunes gens comme Daniel F. O'Leary et Belford H. Wilson, et tant d'autres, n'étaient pas les « aventuriers » que prétendent certains de nos historiens en donnant à ce mot un sens péjoratif.

Parmi les officiers anglais qui accomplissent avec Bolivar et les *llaneros* la formidable prouesse du passage des Andes, O'Leary cite le colonel Rook et en parle longuement. Quel type de Britannique !

« Content de tout et de tous, et spécialement de lui-même, il paraissait se complaire à la vie qu'il menait. Pour lui, le climat d'Apure était suave, salubre, supérieur à tout autre, jusqu'à ce qu'il entra sur le territoire de la Nouvelle-Grenade dont le climat, d'après lui, n'avait pas de rival au monde.

« Il n'avait jamais passé une meilleure vie, disait-il, que durant la campagne d'Arauca ; les soldats de sa brigade étaient les meilleurs du monde ; mais lorsque l'un d'eux mourait, loin de déplorer cette mort, il se consolait en disant que le soldat la méritait. S'il lui arrivait de manifester quelque mécontentement, c'était pour être d'accord avec son général, Anzoategui, qui était toujours de mauvaise humeur, ne cessait de se plaindre et disait que Rook était trop bon.

« L'unique dispute qu'il eut au cours de la campagne eut lieu à Pore, avec le médecin-major de l'armée, le docteur Foley, son compatriote ; il était question de savoir quelle était la plus belle des deux capitales : celle de la Nouvelle-Grenade ou celle du Vénézuéla. Rook soutenait la supériorité de la dernière, et Foley donnait la préférence à la première.

« Ils échangèrent des propos enflammés et ils en seraient venus à se battre en duel si des amis ne s'étaient interposés et ne leur avaient fait remarquer combien il était absurde de se disputer sur un sujet qu'aucun d'eux ne connaissait, puisque ni l'un ni l'autre n'avait vu les villes en question et n'avait même ni entendu ni lu une description exacte. Le placide Rook reconnut facilement la justesse de l'observation et se réconcilia avec son contradicteur.

« Dans une des batailles suivantes, Rook reçut une blessure grave. Baigné dans son sang, il vit passer près de lui un officier d'état-major et l'appela pour lui demander si le président était satisfait de sa conduite.

« L'officier, après lui avoir manifesté son désir de l'aider et de le consoler dans une situation si afflictive, lui répondit que Son Excellence trouvait sa conduite héroïque : « Il a bien raison », répondit Rook en soupirant ; mais il aurait fait la même réponse si l'officier lui avait dit le contraire. Le lendemain, on lui amputa le bras ; il subit l'opération avec sa bonne humeur habituelle et en faisant des réflexions sur la perfection de la main qu'il allait perdre pour toujours. Il mourut quelques jours après. »

*
* *

Le bataillon *Britannique* se couvrit de gloire à
la bataille de Carabobo, l'une des trois plus grandes
et plus décisives victoires des armées de Bolivar,
et celle qui délivra définitivement le Vénézuéla de
la domination espagnole. Il conquit sur le champ
de bataille le nom de *Carabobo* qui le désigna
désormais. Voici comment un des meilleurs écrivains militaires vénézuéliens définit et apprécie
son rôle :

« C'étaient les restes des expéditions venues à notre
aide qui, un jour, étonnèrent par leur sérénité nos
soldats si magnifiques par leurs charges impétueuses et brillantes, par leurs attaques brusquées,
leur mode de combattre par surprise et de mourir
toujours de front. Ce que firent ces étrangers, nos
troupes n'auraient jamais pu le faire. Dans une
charge, celles-ci auraient laissé loin derrière elles
celles du bataillon *Carabobo* avec leur marche
reposée et tranquille, leur discipline admirable,
leur tenue correcte et leur flegme saxon. Mais il
n'aurait pas été facile de former un de nos bataillons pour le faire tuer froidement en attendant
que les autres arrivassent sur le champ de bataille.
Il n'aurait pas reculé, mais il ne serait pas resté
en place. Il aurait avancé comme voulut avancer

Apure et il se serait fait anéantir en avançant toujours. Aussi, le service que nous rendit *Carabobo* est immense et notre dette doit durer autant que notre existence.

« *Carabobo* fut un bataillon difficile à manier ; l'élément anglais imprégna ce corps, dès le début, d'un esprit exigeant et ami des commodités. C'était l'unique corps qui reçût une ration de rhum. Les officiers furent, presque toujours, tous Anglais. Les sous-officiers étaient vénézuéliens, de même que les soldats ; ceux-ci étaient choisis parmi les esclaves les plus robustes, car on les préférait aux Indiens trop débiles pour supporter le lourd équipement du corps...

« ..... Le bataillon *Apure* venait de passer le ravin de la Mona (journée de *Carabobo*, 24 juin 1821) ; mais il ne put résister à la charge de trois bataillons royalistes et il se repliait en perdant sa formation. Le bataillon *Britannique* entra comme en une parade, se forma en bataille correctement sous le feu de quatre bataillons ennemis et, aussitôt, mit un genou à terre. Nul pouvoir humain n'aurait pu les faire mouvoir ; on eût dit qu'ils étaient cloués en terre. Ferrier tombe ; Davy, qui le remplace, tombe presque immédiatement après ; Scott prend le commandement et meurt peu d'instants après ; puis, c'est le tour de Minchin, déjà blessé. Pendant ce temps, *Apure*, qui s'était reformé, entre au combat, appuyé par *Tiradores*. *Britannique* charge à la baïonnette et forme le cadre pour résister au choc de la cavalerie qui vient sur lui. Des feux vifs font replier l'ennemi ; *Britannique*, ayant épuisé ses munitions, se replie en ligne de bataille pour se ravitailler sous un feu nourri ; l'opération accomplie, il revient à la charge. Minchin ayant été blessé encore grièvement, Brandt prend le commandement du corps ; il est blessé au moment où l'armée pénétrait dans la savane et où la victoire était assurée. *Britannique* laissait sur le champ de bataille deux chefs, onze officiers et cent dix-neuf soldats.

« Le service rendu était immense et méritait les honneurs du triomphe ; la dette de la patrie était éternelle. Carabobo fut le bataillon *Britannique*. Páez bénéficia des trophées de la victoire. La gloire de cette bataille fut pour lui et l'Histoire de la patrie ne recueillit même pas les noms des étrangers qui versèrent leur sang dans cette journée. Aujourd'hui, après de minutieuses recherches, c'est à peine si nous pouvons en nommer quelques-uns : Ferrier, Davy, Scott, Minchin, Brandt, les lieutenants Samuel Collins, Otto Fritan, Jacques Patterson, Jean Hands, les sous-lieutenants Joseph Jervis, Guillaume Talbot et Pierre Brion.

« Le 14 juillet, Bolivar décora de l'étoile des

Libérateurs du Vénézuéla tous les membres du bataillon *Britannique* et, le 23 juillet, le Congrès chargea le Libérateur de présenter tout spécialement en son nom « le témoignage de la reconnaissance nationale à l'intrépide bataillon *Britannique* qui avait pu se distinguer même entre tant de vaillants et avait souffert la perte lamentable de beaucoup de ses dignes officiers, contribuant ainsi à la gloire de leur patrie adoptive. »

III

Daniel F. O'Leary, historien de Bolivar

Le général Daniel F. O'Leary, aide de camp et
secrétaire de Bolivar, naquit à Cork (Irlande), en
1800 ; il avait donc dix-huit ans lorsqu'il arriva à
Angostura pour s'engager dans l'armée libératrice. Sous les ordres directs de Bolivar ou sous
ceux de ses lieutenants, Anzoategui et Antonio
José de Sucre, il prit part à toutes les campagnes
de 1818 à 1824. Après la guerre, Bolivar lui confia
des missions diplomatiques. En 1842 et en 1876,
il fut ministre plénipotentiaire du gouvernement
britannique.

Il mourut à Bogotá, le 24 février 1877 ; ce fut
un deuil national. Ses cendres reposent dans le
Panthéon vénézuélien, à Caracas, près de celles
de Bolivar.

Comment a-t-il réuni les trente volumes de
documents dont son fils et le gouvernement vénézuélien commencèrent la publication deux ans
après sa mort et qui, joints à ses souvenirs personnels de témoin oculaire et d'acteur des grands

événements militaires, politiques et diplomatiques, lui servirent pour écrire la vie du *Libérateur* ? Il le raconte dans un avertissement daté de 1840 :

« Dès mon arrivée en Amérique, au commencement de 1818, je commençai à réunir des renseignements et des documents relatifs à la guerre de l'Indépendance et à la vie de l'homme extraordinaire qui la dirigeait. Je les réunis au début dans l'intention de transmettre à mes parents et à mes amis d'Irlande les impressions de mon voyage dans des régions inconnues d'eux et de moi-même.

« J'eus la bonne fortune, dès le commencement de ma carrière, de gagner l'amitié de mon illustre chef et la confiance qui naît d'elle ; amitié et confiance réciproques qui durèrent tant qu'il vécut, jusqu'au jour où, le cœur brisé et le visage couvert de larmes, je vis déposer ses restes mortels dans un humide caveau de la cathédrale de Santa-Maria. Durant les campagnes du Vénézuéla, de la Nouvelle-Grenade et du Pérou, je ne cessai de collectionner des documents. Je fus aidé efficacement dans cette entreprise par mes compagnons, surtout par Sucre, Héres, José Gabriel Pérez, Espinar et, plus que par tous les autres, par Pedro Briceño Méndez.

« Avec le temps, et à mesure que croissait la documentation, je pensai à écrire la *Vie du Libérateur*, en m'appuyant sur elle. Au cours des campagnes, de nombreux papiers importants furent perdus, parce que, à cette époque, les marches étaient pénibles et qu'on n'avait même pas toujours les moyens de transporter les bagages de l'état-major ; pourtant, je parvins à sauver la plus grande partie de ce qui venait entre mes mains. Après la mort du Libérateur et la destruction de sa grande œuvre, je me retirai à la Jamaïque où je consacrai mon temps à mettre les papiers en ordre et à écrire mes *Mémoires*. Les exécuteurs testamentaires du Libérateur me communiquèrent ses archives. Soublette, Salom, Urdaneta, Flores, Montilla, Héres, Lara, Wilson et d'autres amis nombreux s'empressèrent de m'envoyer les renseignements que je leur demandai, pour publier, pendant mon séjour dans l'île, ceux que j'avais réunis, et qui, appuyés par mes documents et par des autorités aussi respectables, devaient servir à confondre les détracteurs de Bolivar tant en Amérique qu'en Europe.

« En 1835, en compagnie du général Soublette, je visitai le général Pablo Morillo, à la Corogne ; celui-ci, apprenant que je m'occupais d'écrire la vie de son ancien rival dont il était un grand admirateur, me donna de nombreux documents qui avaient été pris par les royalistes sur les champs de bataille du Vénézuéla. Des documents que j'ai collectionnés, les plus importants sont les lettres de Bolivar et celles des chefs et personnages notables avec lesquels il était en correspondance.

« Dans ces lettres sont relatés les faits principaux de la guerre et de la politique. J'ai tâché d'en réunir le plus grand nombre, mais, malheureusement, malgré mes efforts, il y a beaucoup de lacunes dans cette correspondance, et il est regrettable qu'on ne puisse les combler. Quelques-unes de ces lettres paraîtront triviales, mais je les ai conservées parce que toutes sont, plus ou moins, un reflet de l'époque glorieuse de la guerre de l'Indépendance. »

IV

Dans sa magistrale étude sur « l'Indépendance
de l'Amérique du Sud et la bataille d'Ayacucho »,
publiée dans la *Revue de l'Amérique latine* (décembre 1924), le général Mangin résume ainsi la
situation du Pérou et des armées républicaines,
après le départ de San Martin :

« Bolivar et San Martin se rencontrent à Guayaquil. Que se passa-t-il dans cette fameuse entrevue ? On en est réduit aux conjectures, car elle eut
lieu sans témoin et aucun des deux chefs ne fit de
confidences à personne. Le résultat fut que San
Martin donna sa démission, quitta le Pérou et
l'Amérique et partit pour un exil volontaire en
France où il mourut, à Boulogne-sur-Mer, en 1850.
Sans doute aurait-il pris cette résolution, même si
l'entrevue de Guyaquil n'avait pas eu lieu, tant il
était débordé par l'anarchie montante. « Je crois,
écrit-il, que tout le pouvoir de l'Être Suprême est
insuffisant pour délivrer ce malheureux pays.

Bolivar seul, appuyé sur la force, est capable de réaliser cette entreprise ».

« Le général espagnol Canterac reprend Lima, le 18 juin 1823. Le Congrès péruvien avait commencé par repousser les offres de Bolivar. Par leur incompétence en matière d'opérations militaires, par leurs discordes, par la lutte des chefs de faction pour la conquête du pouvoir, les démagogues avaient fini par démoraliser l'armée et la vouer à une catastrophe d'autant plus sûre et proche que le Trésor public était vide et que, dans quelques régions, les soldats de l'Indépendance, harcelés sans cesse par ceux du roi, en étaient réduits à manger leurs chevaux et leurs mulets. Au bord de l'abîme, les Péruviens supplient Bolivar d'accourir à leur secours.

« Entre temps, le général Sucre, son meilleur lieutenant, son bras droit, réunit ses forces à celles du général Santa Cruz. La position des royalistes étant devenue critique dans le Sud, Canterac quitte Lima pour aller la rétablir. Sucre s'empare de Lima le 17 juillet 1823, et Bolivar y fait son entrée le 1ᵉʳ septembre. Il trouve au Pérou la guerre civile, l'anarchie, le chaos, la dissolution. Les partisans de l'ancien régime se préparent à profiter de la situation : « Tout, écrit un chroniqueur espagnol contemporain, concourait à remplir d'allégresse et de confiance les bons royalistes qui donnaient comme certain leur triomphe complet, comme indiscutable l'écrasement total de l'insurrection dans le haut et le bas Pérou, comme probable la restauration du pouvoir royal dans les régions voisines; et ils arrivaient, dans leurs bons désirs, jusqu'à entrevoir l'extirpation du génie du mal dans toute l'Amérique du Sud et peut-être dans celle du Nord. »

« Mariano Torrente écrit : « La République péruvienne marchait à pas de géants vers sa ruine totale. Le Congrès le comprit et, bien convaincu qu'en cette grave crise, il fallait user des remèdes violents, il investit Bolivar de la dictature absolue pour qu'il soutînt sa cause moribonde. »

« Ce que les pamphlétaires espagnols et royalistes appellent le « génie du mal » se confond avec le génie militaire et politique de Bolivar. Avec la rapidité qui est l'un de ses traits caractéristiques, il opère le plus inattendu, le plus prodigieux, des redressements. On dirait qu'il tire des ressources du néant même. Il rétablit l'ordre intérieur, réorganise le gouvernement et toutes les administrations publiques, fait rentrer les impôts, recrute et équipe des soldats péruviens pour grossir les bataillons colombiens, nourrit la population civile qui souffre de la faim. Il est partout, veille sur tout et a des mesures prêtes pour résoudre tous les problèmes. Il gouverne, dans certains cas, comme s'il était le chef d'un État jouissant de la paix intérieure et extérieure : il fonde une Université, visite les écoles, dicte des règlements pour favoriser l'exploitation des richesses du sous-sol et descend dans les puits des mines.

« Ses forces physiques, déjà déprimées par plus de dix ans de guerre, ne peuvent bientôt plus soutenir de pareils efforts. Il est obligé d'aller se reposer quelque temps à la campagne. Pendant son absence, les Espagnols prennent une offensive victorieuse et s'emparent de Lima, le 29 février 1824.

« Le Libérateur, brûlé par la fièvre, est à son bivouac. Cette fois, tout semble perdu ; les derniers espoirs s'évanouissent.

« — Que comptez-vous faire ? lui demande un de ses familiers avec des larmes aux yeux.

« — Triompher, répond-il d'une voix calme.

« Moins d'un mois après, il est à la tête de ses troupes et les prépare au suprême effort. Le 2 août, il les passe en revue et adresse à cette petite armée, qui ne compte pas plus de 7 700 hommes, une proclamation enflammée par laquelle il lui communique sa foi et son ardeur...

« Quatre jours après, le 6 août, les deux armées se rencontrent à Junin. Une bataille, dans laquelle les cavaleries jouent le principal rôle, s'engage et se termine par le triomphe des troupes bolivariennes. Le général français Bruix, commandant

des grenadiers à cheval, est un des héros de cette
journée fatale pour la redoutable cavalerie espagnole qui, décimée, dissoute, est désormais dans
l'impossibilité de poursuivre le cours de ses
exploits.

« Le coup de Junin fut mortel, écrit dans ses
Mémoires le général espagnol Camba ; la confusion
et la terreur furent inexplicables. » Pourtant, si
la puissance et l'orgueil espagnols furent profondément atteints, le coup ne fut pas décisif, et la
victoire de Junin, si honorable et si brillante qu'elle
fût, n'était qu'une préface à celle d'Ayacucho.... »

*
* *

Le triomphe d'Ayacucho fut fèté dans toute
l'Amérique espagnole avec un enthousiasme extraordinaire. Tout le monde comprit que cette victoire délivrait définitivement le continent de la
domination espagnole. Ce ne fut pas, comme on
pourrait le croire, au Vénézuéla ni dans aucun des
autres pays qui formaient la grande Colombie que
l'enthousiasme fut le plus grand, mais à Buenos-
Aires. Là, ce fut du délire. On aurait dit que les
provinces de La Plata, sortant d'un long et mortel
cauchemar, reprenaient goût à l'allégresse de la
vie et de la liberté qu'elles avaient cru perdre.
C'est que, en effet, le Pérou proclamé indépendant

par San Martin mais redevenu espagnol, représentait un danger plus grand pour ces provinces que pour le Vénézuéla. Bolivar était salué et glorifié comme le Libérateur de l'Amérique espagnole tout entière ; personne ne songeait à donner ce titre à San Martin, qui avait laissé une œuvre inachevée et compromise, ni même à associer son nom à celui de Bolivar.

Un écrivain argentin, Gabriel-René Moreno, a recueilli, dans un ouvrage intitulée : *Ayacucho en Buenos Aires*, des témoignages de cet enthousiasme délirant :

« Le soir du 21 janvier 1825, la nouvelle parvint à Buenos Aires, via Chili. On vit alors ce qu'on n'avait pu supposer une heure avant. Par un mouvement subit, tous les habitants, dans une joie folle, se répandirent par les rues et les places de la ville.

« ... Volcan de fêtes, et allégresse durant un mois. Il fallut un décret pour réglementer le délire...

« La nuit du 22, il y eut une représentation dramatique à notre Théâtre Argentin, précédée de l'hymne national au milieu d'acclamations assourdissantes à la Patrie, à Bolivar, à Sucre. Le colonel Ramirez, dans une loge, lut le *Bulletin officiel*, acclamé avec une égale frénésie.

« ... C'étaient des caravanes de jeunes gens de

toutes les classes, des défilés au son de musiques joyeuses. Ils parcouraient la ville en acclamant la Patrie et les vainqueurs d'Ayacucho. Ces réjouissances incessantes démontrent que le fait de l'affermissement de l'indépendance nationale a envahi tous les cœurs avec une douce certitude. »

Le gouvernement de Buenos Aires annonce, le 12 février, qu'il va célébrer officiellement « la victoire d'Ayacucho, la mémorable journée qui a incontestablement garanti notre indépendance et notre liberté ».

Le journal *El Argentino de Buenos Aires* dit, dans son numéro du 18 février : « Que l'envie se taise, que la partialité et le ressentiment gardent le silence. Nous devons à Bolivar la terminaison de la guerre d'Amérique ; et les infatués qui présageaient sa perte se voient aujourd'hui confondus et pleins de honte. »

*
* *

... Il a suffi que le général Bartolomé Mitre écrivît une *Vie de San Martin*, dont la trop injuste partialité ne peut être mise en doute, pour que bon nombre d'écrivains oubliassent leur histoire vraie et la reconnaissance que leur pays doit au Libérateur de l'Amérique.

V

PATENTE DE CORSO

República colombiana

Ciudadano de los Estados Unidos de Venezuela Juan Antonio Silva, Presidente en turno del Gobierno Supremo de la Isla de Margarita.

A todos los que la presente vieren, salud.

Por quanto la América cansada de padecer baxo el yugo del Gobierno el más despótico de la Europa ha tomado la noble resolucion de sacudir las ignominiosas cadenas que la oprimieron por más de trescientos años, y que el Gobierno Español, en lugar de oir la voz de la razon y de ceder á las circunstancias, ha decretado la guerra la más desoladora que se haya visto aun entre naciones bárbaras;

Por tanto, usando del derecho natural de defensa y represalias, y asistido de la justicia de nuestra causa, hemos determinado combatirle con las mismas armas con que inhumanamente nos combate, haciéndole una guerra destructora; y habién-

dose presentado el ciudadano *Ramon Villalva* pi-
diendonos Patente en Corso para su Piragua
nombrada *Dolores* (alias *Voladora*) del porte de
cinco toneladas y armada con un pedrero (cañones)
y demás armas necesarias, mandada por el ciudadano *Pedro Piñeyro* y tripulada con los hombres
que en el rol se expresarán;

Le hemos concedido y concedemos la presente
Patente en Corso, la qual será válida por el espacio
de tres meses. Autorizándole, como por ella le
autorizamos para perseguir y apresar en alta mar
todos los Buques Españoles que encontrare : hos-
tilizarles en los Rios, Radas y Puertos sugetos á la
jurisdiccion de aquel Gobierno : hacer desembar-
cos en los Pueblos y traer presos sus habitantes.

Ordenándole, como expresamente le ordena-
mos, baxo las penas las mas severas, de sostener
el honor y decoro del Pabellon de la Independencia, pero de no molestar en manera alguna los
Buques y Vasallos de las Naciones que están en paz
y amistad con nosotros, antes bien auxiliarlos en
caso de naufragio ú otra desgracia; haciéndole
responsable ante las Leyes de qualquiera tropelia
ó desacato que pueda cometer, ó permitir cometa
su tripulacion.

Dada en el Palacio de Govierno el dia treinta
del mes de diziembre del año de 1814, 4° de la
Independencia.

Firmada de nuestra mano, refrendada por nuestro Secretario de guerra y de marina, y sellada con el gran sello de la Provincia.

Juan Antonio Silva, pres^te.

M. Zaragoza, secr°.

Pase por este Juzgado de M^a otorgando la fianza correspondiente.

(Archivo General de Indias. Est. 135, C. 4, Leg. 6.)

*
* *

D. Francisco Tadeo de Calomarde
al Sr. Secretario de Estado y del Despacho

Exmo. Senor,

El Superintendente general de Policia, en 24 de Mayo corriente, me dice lo que sigue :

« Exmo. Señor : El Yntendente de Policia de las Yslas Canarias, al mismo tiempo que me da cuenta de haber establecido en dichas Ysla el ramo de Policia, me dice : ha circulado la voz de que en el Congreso celebrado por los Ynsurgentes en Panamá el 1° de octubre se acordó ir en la Primavera sobre aquellas Ysla con tropas de transporte para su conquista ; con cuyo motivo, y siendo muy lisongeras estas noticias para aquellos havitantes por lo que anhelan unirse á los dominios insurreccionados, me pide recuerde á V. E. la fuerza que tiene pedida á S. M. en union con aquel Capitan General, siendo de urgente necesidad el que se manden por lo menos mil hombres para contener los esfuerzos de los enemigos del Trono, tanto internos como externos. »

 Lo que traslado á V. E. de Real Orden para su noticia y efectos convenientes en el ministerio de su cargo.

Dios guē. á V. E. mˢ aˢ.

Aranjuez, 26 de mayo de 1826.

Franᶜᵒ Tadeo de CALOMARDE.

(*Archivo general de Indias.* — América en general, leg. 20.)

*
**

El Consul de España en Gibraltar, D. Francisco Lefer, al Primer Secretario del Despacho de Estado.

EXCELENTISIMO SEÑOR,

Tengo el honor de pasar á manos de V. E. tres pliegos que he recibido del encargado de negocios de S. M. en Philadelfia.

 Ayer mañana salieron de estas Bahias para cruzar dicese sobre Barcelona, donde saben que estan prontos á salir varios buques grandes, las dos Goletas Columbianas la « Republica », capitan Gandolfo y la « Trinidad » capitan Teurbets ; en esta Bahia

y en la de Algeciras hay mas de 150 embarca-
ciones aguardando vientos favorables y es de
temer caigan muchas en manos de esos piratas.
Se guarda aqui muy en breve un Bergantin Cor-
sario Columbiano de veinte cañones. Si es asi no
podrá entrar ni salir de este Puerto ninguna
embarcacion Española y es tanto mas lastimoso
que con muy pocas fuerzas á la boca del estrecho
harian pudrir en esta Bahias á estos insurgentes
bien despreciables, de todo lo cual he dado parte á
las respectivas autoridades de la Costa.

Dios Guarde á V. E. muchos años.

Francisco LEFER.

*
* *

*D. Mariano Aznarez al Sr. Secretario de Estado
y del Despacho*

EXCELENTISIMO SEÑOR,

A las doce del dia 30 del pasado salieron de la
Bahia de Gibraltar las dos Goletas Columbianas
de las que tengo dado á V. E. el devido aviso y
el dia de ayer se hallaban cruzando desde la punta
de la mina en la Costa de Africa a la del Carnero
y punta de Europa motivo, por el que sin duda no
se atrevió á venir el Correo de Ceuta que devia
haber llegado ayer mañana.

La goleta de que di á V. E. parte en el Correo
ultimo es la nombrada « Trinidad » que cruzaba
sobre el Cabo de Faro y solo tenia á su entrada en
Bahia cuarenta hombres : se me ha asegurado
esto y que ha tomado pocos más desde su arribo.

Varios buques hay detenidos en el puerto y se
afirma no saldrán hasta la llegada de una division
de cinco Buques de Guerra Españoles que deben
pasar de levante y en direccion á Cadiz de un dia
á otro.

Me acaban de decir que los Corsarios insurgentes
entraron anoche en Gibraltar ; no lo dudo por
haver llegado el Correo de Ceuta con esta misma
hora que son las once de la mañana.

Es quanto puedo manifestar á V. E. en cumpli-
miento de las Reales órdenes que se sirvió comu-
nicarme.

Dios Guarde á V. E. muchos años.

Algeciras, 1º de Junio de 1826.

(*Archivo general de Indias.* — América en general. Leg. 1.)

Les Américains lurent avec plaisir, dans le
Colombiano du 1ᵉʳ février, un extrait du journal
du corsaire colombien *la Trinidad*, commandé par
le capitaine Johnson, qui faisait connaître l'accueil
que ce capitaine avait reçu dans le port de Tanger,

appartenant à l'empereur du Maroc. *La Trinidad* était entrée dans la baie de Tanger, le 9 novembre dernier, à trois heures après-midi. A quatre heures, le capitaine du port vint à bord du corsaire saluer le capitaine de la part du Bey, et lui témoigner le plaisir qu'il aurait à le voir. Le 10, le capitaine Johnson descendit à terre pour aller rendre visite au Bey qui le reçut avec une grande bienveillance, et en lui exprimant sa satisfaction de voir le pavillon colombien flotter dans son port. Le lendemain, le Bey donna ordre de fournir au corsaire l'eau et les vivres dont il pourrait avoir besoin pour compléter ses provisions, en dépit des efforts des consuls espagnol et français pour s'y opposer. Le premier menaça d'amener son pavillon et de retourner en Espagne. Le Bey répondit avec fermeté qu'il pouvait s'en aller et dire à son maître que la mer était assez grande pour les Américains. Il ordonna ensuite d'arborer son pavillon sur toutes les batteries pour saluer celui de Colombie, et de répondre coup pour coup au salut que tirerait le corsaire, déclarant qu'il devait à ce bâtiment la même hospitalité qu'à ceux des autres nations. Les consuls américains et anglais arborèrent également leur pavillon à cette occasion et déclarèrent formellement, ainsi que les consuls hollandais, portugais et sarde, que la Colombie était un État libre et indépendant. Le 13,

le capitaine Johnson fit une nouvelle visite au Bey
qui l'assura de l'amitié de son gouvernement et
des efforts qu'il ferait pour engager l'empereur,
son maître, à établir les relations les plus ami-
cales avec le gouvernement colombien.

W. B. Stevenson : *Relation historique et descriptive d'un séjour de vingt ans dans l'Amérique du Sud......*, traduite de l'anglais et augmentée de la suite des révolutions de ses colonies depuis 1823 jusqu'à nos jours, par Sétier (Paris, 1826, t. III, p. 413).

VI

Ancêtres d'Antonio José de Sucre

Instrumentos justificativos de los servicios del capitan de Infanteria por S. M. Don Antonio de Sucre Estrelles y Pardo, y de algunos de los de su Padre, Abuelos y Ascendientes, su nobleza y Idalguia.

Anexo al Memorial de D. Antonio Sucre de 4 de enero de 1769

(Fragmento.)

... Por relacion impresa de los meritos y servicios de Dⁿ Alberto de Sucre y Pardo, formada en la secretaria del Consejo y camara de Indias, su fecha en Madrid treinta y uno de mayo de mil setecientos treinta y siete y autorizada por Dⁿ Miguel Gutierrez, consta : que dicho Dⁿ Alberto, por instrumentos que presentó en el mismo consejo, xustificó ser natural de la ciudad de Bruselas, en los Estados de Flandes, é hijo lexitimo del Marqués de Preuss, cavallero del orden de Alcantara, Theniente general de los Exercitos de S. M. á quien

sirvió por espacio de sesenta y dos años, y de
Dª Isabel Maria Pardo, familias por ambas lineas,
Paterna y Materna, de la primera estimacion,
Lustre y esplendor de los Reynos de España y de
Flandes, haviendo servido á S. M. á imitacion de
dicho su Padre en la Plaza de Cartagena de Alferez y capitan de cavallos corazas : que la citada su
Madre Dª Maria Isabel es hija de Dⁿ Bartholomé
Alexandro Pardo, que sirvió á S. M. en los Estados
de Flandes á imitacion de su Padre Dⁿ Francisco
Sanchez Pardo, cavallero del Orden de Santiago,
que tambien sirvió en dichos Estados muchos
años, desde el de mil seiscientos catorce, en los
empleos de soldado, Alferez de Infanteria, Theniente de acavallos, capitan comisario general de la
cavalleria, Theniente general de ella, sargento general de vatalla, Governador de la villa y fuerte de Ter-
ramundo, y Gran Baylio de dicha villa, y Pais, y asi-
mismo fué del Consejo de Guerra de S. M. Que en
los dichos empleos se halló el dicho Dⁿ Francisco
Sanchez Pardo en quantos sitios, en Batallas y
rencuentros se ofrecieron en su tiempo, en los que
se portó con el mayor valor y zelo; por lo que
mereció la aprovacion de todos sus generales y
recomendaciones de estos á S. M.

(Archivo general de Indias, Est. 133, C. 1, Leg. 13.)

VII

Le maréchal Solano López

Après Bolivar, le maréchal López est, sans doute, de tous les hommes d'État et chefs de guerre sud-américains celui qui inspirait le plus d'admiration au général Mangin qui, comme nous l'avons vu, se proposait de lui consacrer une étude. Ces sentiments pour le héros paraguayen et son peuple, Mangin les a exprimés plusieurs fois à M. Ramon V. Caballero, chargé d'affaires du Paraguay à Paris, avec qui il aimait à s'entretenir et qui est un lettré et un érudit particulièrement versé dans l'histoire de l'Amérique latine. Mangin n'aurait pu trouver un interlocuteur plus avisé et plus compétent.

M. Ramon V. Caballero m'a fait l'honneur de me remettre la note suivante, dans laquelle il résume ses entretiens avec le général Mangin :

« Au cours des entretiens qu'il me fut permis d'avoir avec le général Mangin, j'ai toujours été agréablement surpris de voir combien les grands événements de l'histoire du Paraguay lui étaient familiers.

« Le général Mangin avait, en particulier, une très vive admiration pour le président López.

« Il aimait à évoquer l'illustre et glorieuse figure de notre compatriote et à manifester l'enthousiasme qu'il avait pour ce qu'il appelait son « génie militaire », ses « intuitions de chef » et talents d'organisateur. Cette admiration était basée, avant tout sur une connaissance exacte de la vie de López et sur l'étude critique de ses campagnes militaires.

« López, disait-il, grâce à son autorité, sut utiliser habilement l'ardeur de ses soldats dans la lutte inégale contre les ennemis de son pays. Il disciplina la « furia » des Paraguayens, et en fit des héros. Un des premiers, il préféra aux batailles tumultueuses la lutte plus judicieuse des tranchées permettant une meilleure organisation de la guerre, et à l'arrière du front une meilleure organisation de toutes les forces du pays pour la victoire. C'est ainsi que, même traqué et considéré parfois comme vaincu, il continuait cependant à accumuler les éléments de résistance, et à transporter à Caacupé, par exemple, dans les Cordillères, ses usines de munitions et d'armements, attendant l'instant propice où, avec le maximum de chancesde succès, il pourrait lancer à l'assaut ses troupes imbattables.

« López, symbole d'énergie et partisan de l'ordre, était bien le chef qui convenait aux admirables soldats paraguayens, ajoutait le général Mangin. Grâce à lui, ces défenseurs de la Patrie, soulevés d'un enthousiasme presque fanatique, inlassables et imbattables, purent pendant de longues années montrer au monde ce que peut accomplir un peuple lorsqu'il défend, pour une juste cause, son pays contre un ennemi infiniment supérieur en nombre.

« Pour bien connaître les Paraguayens, répétait souvent le général Mangin, il faut toujours se reporter à cette époque sublime de leur histoire.

« Avec un tel passé, de telles « brisques », un peuple doit, tôt ou tard, reprendre la place qui lui est due. Quant à moi, je vous fais confiance », concluait le général Mangin.

FIN

Conseil Supérieur de la Guerre

Le Général Mangin

21. 1. 24.

Cher Monsieur,

Je vous remercie bien tard de votre lettre et de votre article, mais je suis fort occupé en ce moment et j'ai vous demande de m'excuser.

Vous pourrez voir que j'ai lu beaucoup à bord du *Jules Michelet*, entre mes escales, et encore plus au retour en écrivant mes souvenirs. Votre livre m'a beaucoup plu, presqu'autant que celui du Péruvien F. Garcia-Calderón, "les Démocraties latines" (dans la Heugin de Ph. Sc. — Flammarion) — . Et comme vous ne voisez que je n'ai tenu aucun compte de nos manuels méridi-[+)]taires, que j'ai pourtant parcourus, et que je relis en avions les nombreux volumes et opuscules que les divers gouvernements avaient réunis en vue de routes, à titre de propagande. La civilisation mexicaine par le P[re] Antre en deux volumes, est fortement documentée et autre chose à lire. Enfin Prescott dit en tout le cas tout ce que l'on doit savoir.

En m'y faisant, j'ai appris à lire un au espagnol, je l'avance donc à compléter ma documentation sur Bolivar, et je vous demande de m'indiquer les ouvrages qui me permettront de le faire à l'abri de l'ennui, car

j'ai du parti en la plaçant d'ici là. J'avoue
que je connais mieux San Martin et que ma
comparaison entre les deux s'en ressent, may-à-bi
parcellement à la vérité. Toutefois, nous en
différons qu'à bien peu à son sujet, sous que je le
place aussi haut que vous faites comme chef de
guerre, faute de documents sans doute. — Mais
j'ai été précisément très bref et le ton du
récit ne laissait place à aucune discussion:
je ne saurais expliquer quelque prenais les rapports
entre Mitre l'Argentin Martiniste, et Garcia-
Calderon le premier bolivardiste. A des airs tout
fois place San Martin au dessus de Bolívar comme
guerrier, et très au dessous comme politique. Et hors
l'indomptable Bolívar parcourant l'Europe aux oreilles mientras
espérant — sur le forum des concurrents à l'indépendance des
patrie.

Merci encore, une fois, cher monsieur, de vos
aristes contradictions. Je vous prie de
croire à l'expression de mes sentiments très dévoués,

Gr. Maupin

TABLE DES MATIÈRES

APPENDICES

Imprimerie de J. Dumoulin, à Paris. — 1208.6.1926.